"双高计划"背景下
职业高等教育创新性研究

徐金凤 ◎ 著

吉林出版集团股份有限公司

图书在版编目（CIP）数据

"双高计划"背景下职业高等教育创新性研究 / 徐
金凤著. — 长春 : 吉林出版集团股份有限公司,
2021.11

ISBN 978-7-5731-0634-6

Ⅰ. ①双… Ⅱ. ①徐… Ⅲ. ①高等职业教育－教育研
究－中国 Ⅳ. ①G718.5

中国版本图书馆 CIP 数据核字 (2021) 第 234850 号

"双高计划"背景下职业高等教育创新性研究

著　　　者	徐金凤
责任编辑	王　平
封面设计	林　吉
开　　　本	787mm×1092mm　　1/16
字　　　数	190 千
印　　　张	8.75
版　　　次	2021 年 12 月第 1 版
印　　　次	2021 年 12 月第 1 次印刷
出版发行	吉林出版集团股份有限公司
电　　　话	总编办：010-63109269
	发行部：010-63109269
印　　　刷	北京宝莲鸿图科技有限公司

ISBN 978-7-5731-0634-6　　　　　　　　　　定价：78.00 元

前　言

　　"双高计划"是新时期我国职业教育推出的重大举措,其目的是建设一批具有中国特色、世界一流的高水平高职院校和高水平专业群。高等职业教育内涵式发展在特定的历史时期与国际环境背景下,充分彰显新时代特征,表现为以实现人才培养高质量为目标、以办学定位高标准为重心、以专业群高水平建设为关键。为了回应教育功能的转变、国际环境的驱动和人才培养的需求等诉求,高职院校应采取优化人才培养模式、坚持产教深度融合与校企"双元"育人、坚持开放办学及培养国际化人才等有效路径。

　　打造高水平职业教育教师教学创新团队是引领教育教学模式改革创新的重要举措。随着职业教育双师队伍建设各项新政策的相继落地,特别是中国特色高水平高职学校和专业建设计划以及全国职业院校教师教学创新团队建设的开展,职业教育教师教学创新团队建设研究成为职业教育研究领域的重要议题。当前职业教育教师教学创新团队建设存在团队发展目标不明确、团队结构不合理、团队成员凝聚力不强、团队培训体系不完善、考核激励机制不到位等问题。各学院结合国家级职业教育电气自动化技术专业(工业机器人应用与维护专业领域)教师教学创新团队建设实际,着力打造高水平结构化"双师型"教师队伍,构建教师个体发展培养培训体系,优化创新团队绩效激励机制,全面提升团队成员在教学、科研、社会服务和国际化交流等方面的能力。

　　在国家建设高水平职业院校和专业计划的政策引领下,职业教育的高质量发展是一种必然趋势。产教融合作为职业教育发展模式的一种创新,能够促进职业教育的高质量发展。然而,通过从管理学、市场营销学、教育学以及社会学的角度对"双高计划"背景下职业教育产教融合的现状进行分析,发现其存在着一些桎梏。可从顶层设计、体制建设、办学模式、专业设置、调整师资结构及校企文化融合方面入手,帮助职业教育走出产教融合的困境。

目　录

第一章　高等职业教育教学概述

第一节　互联网与高等职业教育

高等职业教育以培养生产、服务与管理为一体的高技能、专业性人才为主要目标，对社会生产率与生产质量的提升能够产生重要影响。在现代信息技术快速发展的时代背景下，移动互联网开始进入学生的学习活动。通过手机、平板电脑等展开学习活动，丰富学生的学习需求，对学生知识与技能的深入学习能够产生重要影响。本节将基于高等职业教育的实际情况加以分析，分析移动互联网的应用方式，希望能够对相关研究活动带来一定的借鉴价值。

一、巧用移动互联网技术，搭建全方位交流平台

传统的高等职业教育过程中多采用"灌输式"的教学方法，教师讲解、学生倾听，学生实际在课堂学习中的参与度不足、话语量较少。移动互联网技术与高等职业教育的融合，能够为学生搭建一个良好的学习平台。教师可以借助微信公众号、QQ 或者教学 APP 软件等，构建一个便于学生与教师之间交流的平台。学生存在任何问题均可以通过软件实时向教师发出提问，教师也可以基于学生普遍存在的问题进行讲解，动态掌握学生的学习情况与学习进度。

教师还可以邀请毕业生、企业管理人员等参与平台交流，介绍当前企业中实际工作现状、专业技术要求，等等。毕业生可以基于自身的工作经验，为在校生介绍个人的工作经验等，打造良好的学习与交流氛围。

二、提供丰富性学习资源，创新职业教育的形式

互联网技术在高等职业教育中的应用，可以基于学生的性格特点进行分析，融入更多学习资源，创新职业教育的形式，使学生能够感受到学习的乐趣，且可以借助移动终端充分利用个人的碎片化时间进行学习，提高学生的学习效率与学习质量。

互联网技术的应用能够丰富学生的学习资源，且打破学习时间的限制、学习空间的限制等。比如教师可以采用慕课等方式，融入大量的学习资源，鼓励学生自主学习或者合作

学习等，打造开放性的学习环境。

慕课教学期间，可以将教学内容划分为若干个小板块，制作成为短小且精美的视频。课程教学视频时间控制在 5 ~ 15 分钟之间，且课程平台多基于 Android 和 iOS 的移动应用 APP 予以设计，能适配大多数的智能手机屏幕，更有利于学生随时随地地移动学习。在此基础上，教师还可以借助"微课""网易云课堂"等各类在线教育网站开展教学活动，组织学生自主学习。学生可以通过互联网搜索各类学习资源，使自身成为学习的主人，基于自身的专业能力、时间安排等灵活开展学习活动，如可以慢放内容、重放视频内容，等等，尊重学生的个体差异。

三、注重动态全程性反馈，构建多元化考评机制

传统高等职业教育期间，多关注课堂讲解，学生学期考试后的成绩等，但是对学生学习过程、学习态度以及价值观念的关注程度不足。素质教育理念下，需要转变教育评价的方式，注重动态全程性反馈，构建多元化考评机制。

比如，教师可以借助移动互联网对学生的某个单元、章节学习情况进行测验，了解学生对学习内容的掌握情况。互联网技术的应用下，能够使教学考核评价活动更加简单，且能够借助互联网实现实时测评，在各个单元学习内容结束之后，学生也可以通过互联网展开自主测评活动，了解自身的学习现状且可以通过互联网参与各类模拟操作活动等，将理论知识与实践活动相互融合。

教学评价期间教师不仅需要关注学生的理论课程考核成绩，更需要关注学生学习期间的创新想法、合作意识以及探究能力，等等，培养学生积极探索、主动研究，增强学生未来的职业发展能力与职位竞争能力。教师可以通过移动互联网搭建良好的互动平台，学生可以借助互联网向教师提出问题、教学方法的相关建议，为学生综合素质的提升奠定良好基础。

互联网技术在高等职业院校教育期间的应用，能够实现"教"与"学"的智能化发展，突破学习期间时间、空间的限制。教师可以通过巧用移动互联网技术，搭建全方位交流平台；提供丰富性学习资源，创新职业教育的形式及注重动态全程性反馈，构建多元化考评机制等方式，改善传统高等职业院校教育期间存在的问题，挖掘学生更多的潜在能力，为高等职业院校学生提供丰富的学习机会，为其专业知识的深入学习及未来发展奠定良好基础。

第二节 高等职业教育校企深度合作

随着我国教育体制以及经济体制改革的不断深入推进，当前时代校企合作的力度不断加深，校企合作模式可以有效地提高学生的实践能力，为日后的发展创设出更多复合型人

才，但是目前校企合作中仍然存在着较多问题，阻碍了高等职业教育校企深度合作。基于此，本节简要分析高等职业教育校企深度合作工作。

高等职业教育是培养我国专业型技能人才的重要组成部分，随着社会经济的迅速发展对职业技能型人才的要求也越来越高。目前我国已经发展出一批具有特色的校企合作模式，但是仍然存在一些问题，阻碍了校企之间的深度合作，因此，本节全面分析目前阻碍校企深度合作的因素，并针对这些问题提出相应的解决措施。

一、高等职业教育校企深度合作过程中存在的不足之处

（一）校企深度合作动力不足

虽然说当前较多高校对校企合作的重要性有了一定的重视，但是在具体的实践过程中，校企之间的合作仍然存在较多的问题，依旧停留在政策文件阶段，所以双方之间的合作还处于一个表面化阶段，并没有加大合作的深度。该问题存在的原因就是二者之间深度合作的动力不足，此方面不足是由于双方之间在合作过程中并没有得到最大化的利益。学校与企业合作的目的就是促进学生的学习，使其可以进一步应用于实践工作当中，提高学生的实践能力，所以说，学校在教学工作中追求的是社会效益，希望可以以此来有效增强学生的专业素质并加强学校的相关科研成果。而企业与学校合作的目的是提升企业的经济效益。因此，当企业与学校进行合作时，若企业自身的利益没有得到充分的满足，那么其积极性就不能得到有效提高，与学校的深度合作也没有足够的热情。所以，要想进一步加大学校与企业之间的合作力度，就需要平衡双方之间的利益关系。

（二）相关管理运行机制不够完善

随着我国社会经济的不断发展，政府对校企合作在职业教育中的作用也越来越重视，但是目前推进该合作的相关法律法规的进程还是处于一个较慢的状态。目前，关于校企合作的，指导性独立性的文件与政策，虽然说较多，但是具体的规章制度不够完善，对合作过程中的各项环节也没有作出具体要求。除此之外，目前高等职业教育校企深度合作过程中存在的主要不足，就是因为相关的管理运行机制不够完善。校企合作在具体开展过程当中，如果没有良好的体制机制进行引导，那么很容易造成整个工作流程无法顺利进行，给学生的教育带来严重的影响。所以，在日后的发展过程中，要想更好地提高高等职业教育校企深度合作的质量和水平，就必须不断完善相关运行机制，建立健全管理条例，提供更加全面和更加科学的教育手段和教育方法。另外，相关的学校政策制度支持也是学校培养校企合作人才的一个有效办法。在这个过程中，能够为校企合作提供更加全面的制度保障，降低学校在校企合作方面出现问题的可能性，优化校企合作的教育环境。各地的教育部门还可以通过不断地出台相应的政策推动校企合作的开展，提高校企深度合作的能力。结合当地的实际情况与企业具体的生产特点，引导校企进行合作，不断加强合作的能力和质量。

（三）双方进行合作的服务平台较为传统、落后

当前，随着我国信息技术的不断发展，各种信息技术被广泛应用于各行业的发展建设中，对加强学校与企业之间的合作交流工作来说也不例外。然而，具体结合当前各高校与企业之间的合作情况来看，缺乏对"互联网+"等此类先进技术的有效应用，这就使得双方在进行合作时，信息的交流平台较为传统落后，不能及时传递双方之间的各类信息，导致学校与企业之间的信息产生不对称的问题。这方面问题的存在使得双方之间合作的投入成本较高而且合作的效率也较低。缺乏对先进信息服务交流平台的有效应用，这就使得学校不能及时发现当前市场对各类人才的相关要求，而且企业也不能招聘到自己所需的人才，这种情况严重制约了双方之间的进一步合作。

二、推动校企深度合作的方法措施

通过本节的分析可以看到目前阻碍校企深度合作的因素较为多元化。因此，本节主要从国家加大政策保障力度、建立健全管理机制以及加强对信息技术的应用创新校企合作服务平台形式三方面来全面阐述做好校企深度合作的方法措施。

（一）国家加大对校企合作政策的保障力度

由于目前学校与企业之间合作时，一些具体的规章制度不够完善，这就使得双方在合作时动力不足，企业对加强与学校之间的交流没有积极性。所以，在日后的工作当中，国家应当发挥自身的作用。首先，要健全相关的法律规章体系，并且要根据各地区学校与企业之间的实际发展状况订适合各地区的规章制度，为双方之间的深度合作提供制度保障，引导其工作的顺利开展，为各项环节的有效推进提供保障；其次，也要健全交易成本以及补偿机制，这样才能有效保护好企业参与双方合作的积极性，借此才能确保学校与企业在合作过程中实现共赢。

（二）建立健全运行管理机制体系

目前学校与企业之间进行合作时，相关的管理机制较为传统、落后，阻碍了工作的顺利进行，影响了工作效率的提高，所以，在日后的合作过程中，要对运行管理机制的建立健全引起足够的重视。首先，政府要发挥主导作用，在学校与企业进行合作时，对双方的利益进行一个明确的协调规定，并且要对双方的责任与义务进一步明确，这样才能推动该工作的顺利进行；其次，学校在与企业进行交流合作时，也要不断地掌握行业的发展动态及方向，积极创新人才的培养机制，这样才能对学生的培养方案及时地进行相应改革，适应时代要求；最后，企业在参与校企合作时，也可以通过参与学校课程改革等各方面的工作，来积极为学校的改革发展提供具有丰富经验的工作人员。

（三）加强对先进技术的应用，创新校企合作服务信息平台形式

除此之外，要想更好地提高高等职业教育校企深度合作的质量和水平，还需要加强对

先进技术的应用，不断地创新校企合作服务信息平台的形式。在这个过程中，要不断丰富校企合作的形式，在传统教学中引入企业的力量，定期开展对学生的培养活动。在具体过程中，为学生提供更加丰富的实践活动，鼓励学生到企业中进行生产实践和专业的实习活动，让学生体验更加深刻的实践过程。按照学校的课程进行安排，然后由企业的人员定期组织工作进行培养，通过不断引进先进的生产技术来丰富校企合作的模式，创建更多的平台，满足学生学习时的需求。根据学校和企业合作的特点进行灵活的选择，结合本校的实际情况，确定不同的合作方式。通过创新校企合作服务信息平台，让学生能够获得更多关于校企合作的信息，从而能够发掘出更加符合自身的合作模式，全面地提升校企合作的深度。

总而言之，要想进一步加强高等职业教育校企之间的深度合作，国家就要加大对该工作的政策保障力度，并且校企之间也要建立健全运行管理机制体系，学校也要加强对信息技术的应用来创新校企合作服务平台。希望本节中关于高等职业教育校企深度合作的措施，能够对日后校企深度合作工作的顺利开展提供借鉴参考。

第三节　企业参与高等职业教育治理

当前，企业参与高等职业教育治理存在以下问题：高职院校不够重视企业用人需求，行业协会的协助与支持作用未能得到充分体现；企业参与校企合作的补偿机制不完善，校企合作缺乏完善的信息资源共享平台；企业的主体性地位不明确，企业人力资本产权的配置有待完善。据此，本节提出企业参与高等职业教育治理的对策：将专业标准与产业标准对接，促进行业协会科学化发展；建立企业参与高等职业教育治理的成本补偿制度，构建信息化平台；明确企业的主体地位，对企业的人力资本产权进行科学配置。

企业是高等职业教育的重要利益相关者之一。为了更好地履行社会责任，企业应积极参与高等职业教育治理工作。针对企业参与高等职业教育治理存在的问题进行深入分析，并提出相应的化解对策，有助于明确企业在高等职业教育治理工作中的权责，优化资源配置，从而激活企业参与高等职业教育治理的内生动力。

一、企业参与高等职业教育治理的重要性

能够避免高等职业教育"决策失灵"。高等职业教育的发展不仅需要中央政府的宏观引导，还需要地方政府、高职院校、企业、教育专家、学生家长等主体的积极参与。当前，在制订高等职业教育决策的过程中，企业未能切实发挥作用，使得高等职业教育决策的科学性较差、时效性不强。唯有真正发挥企业的决策权，使企业积极主动地参与高等职业教育治理工作，才可以避免由政府主导决策带来的"决策失灵"问题，进而提升决策的科学性。

能够提高高等职业教育公共服务质量。从高等职业教育的社会属性来看，其具备一定的准公共产品特征。政府必须保证高等职业教育的公平供给，但公平供给需建立在高效的基础上。目前，高职院校处在快速发展阶段，但存在办学经费不足的问题。在这种情形下，如何高效、合理地利用现有资金非常重要。同时，在高等职业教育治理工作中，各地仍旧沿用以政府为主导的计划管理方式，不能发挥市场的调节作用，未建立健全企业参与高等职业教育治理的制度框架，导致本应有较大话语权的企业被排除在高等职业教育治理与决策之外，使得各高职院校未能将主要精力放在满足企业用人需求方面，而是放在处理与政府相关部门的关系方面。高等职业教育的本质是为企业培养对口的专业型人才，只有企业参与高等职业教育治理工作，才能更好地体现高等职业教育的特点，提高高等职业教育的公共服务质量。

能够解决高等职业教育资源不足的问题。近年来，我国高等职业教育快速发展。统计数据显示，截至2015年，全国独立设置的高职院校达1341所，招生人数348万，毕业生人数322万，在校生人数1048万，占到高等教育的41.2%。高等职业教育已占据我国高等教育的半壁江山。尽管如此，高等职业教育仍然无法满足社会的需求。究其原因，主要是高职院校教育经费不足，造成办学基础设施薄弱、实习实训条件落后、师资力量不足。要解决这些问题，必须提高企业参与高等职业教育治理工作的程度。政府应积极出台相关法律法规，激励企业举办或者参与举办高职院校，这样不仅能够有效解决高等职业教育资源不足的问题，还能提高高职院校人才培养的质量。

二、企业参与高等职业教育治理的问题聚焦

高职院校不够重视企业用人需求，行业协会的协助与支持作用未能得到充分体现。随着高等职业教育改革进程的不断推进，高等职业教育人才培养取得了阶段性成果。《职业学校校企合作促进办法》（教职成〔2018〕1号）指出："开展校企合作应当坚持育人为本，贯彻国家教育方针，致力培养高素质劳动者和技术技能人才；坚持依法实施，遵守国家法律法规和合作协议，保障合作各方的合法权益；坚持平等自愿，调动校企双方积极性，实现共同发展。"校企合作已成为当前高职院校人才培养的主要形式，企业为高职院校人才培养提供人才、技术及设备支持。然而，企业参与高等职业教育治理的积极性较低。

究其原因，第一，高职院校不够重视企业用人需求。当前，高职院校在完善专业理论知识教学的同时，有意识地培养学生的职业技能，但没有将人才培养标准体系与行业技术标准体系有机结合，人才培养未能满足社会需求。

第二，行业协会的协助与支持作用未能得到充分体现，企业与高职院校的合作缺乏标准化合约。行业协会是指介于政府、企业之间，商品生产者与经营者之间，并为其服务、咨询、沟通、监督、公正、自律、协调的社会中介组织。高职院校开展校企合作人才培养模式无法离开行业协会的支持。当前，校企合作缺乏以行业内部管理制度为依据的标准化

合同来约束双方的行为，这间接影响了企业参与校企合作的积极性。

企业参与校企合作的补偿机制不完善，校企合作缺乏完善的信息资源共享平台。第一，企业参与校企合作的补偿机制不完善。在校企合作过程中，企业投入了大量的资金、人力、设备、场地等，然而并没有得到预期的经济效益。虽然政府先后出台了一系列鼓励和扶持企业参与高等职业教育治理的政策法规，但相关税收优惠、财政补贴等配套措施仍有待完善。

第二，校企合作缺乏完善的信息资源共享平台。在校企合作过程中，校企间缺乏交流平台、沟通渠道不畅，校企双方信息交流不对称，导致企业不能及时了解合作动态。

企业的主体性地位不明确，企业人力资本产权的配置有待完善。第一，企业的主体性地位不明确，在高等职业教育治理过程中发挥的作用十分有限。企业在高等职业教育招生以及专业人才培养方案、课程标准订等方面缺乏参与权，导致企业优秀文化无法有效地融入高职院校人才培养工作。

第二，企业人力资本产权的配置有待完善。人力资源是企业赖以生存和发展的核心资源。在校企合作过程中企业投入大量的人力资本，但政府没有出台对参与校企合作企业的奖励机制，没有给予优惠条件，对企业的利益保护不到位，导致企业的人力资源成本过高。同时，参与校企合作的企业在人力资本产权上不具备完全独立性，导致人力资本产权争议与人力资本流失严重，进而部分企业只能将实习学生作为廉价劳动力使用，以补偿部分企业投入的成本。

三、企业参与高等职业教育治理的对策分析

将专业标准与产业标准对接，促进行业协会科学化发展。第一，高职院校提升市场化意识，将专业标准与产业标准对接。专业标准与产业标准有效衔接是高等职业教育治理体系的主要特征。高职院校应加强师资队伍建设，鼓励企业高技术技能人才兼职授课，这样有利于提高学生的实践能力和职业技能，为社会提供专业对口的有用人才。同时，由于实习学生尚未完全融入工作岗位，其产生的经济利益与企业普通员工相比相对滞后，因此，可以适当延长学生的实习期，尽可能安排合适的实习方式，为充分发挥企业在实践中的育人优势提供保证。另外，教育主管部门需积极促进、扶持行业协会的发展，同时以多种途径促进行业协会发挥作用，如与行业协会建立委托关系，鼓励行业协会参与行业标准建立、人才市场研究与人才培养质量评价等一系列工作，避免信息不对称导致院校和企业的资源浪费和人才培养方向的偏差，减弱交易的不确定性对企业参与高等职业教育治理造成的消极影响。

第二，通过订标准化合约，促进行业协会科学化发展。要想降低企业参与高等职业教育治理的不确定性，首先需订标准化合约。从本质上来讲，标准化合约就是企业参与高职院校教学过程中应遵循的基本要求。就目前情况来看，为引导企业遵循标准化合约，除发

挥行业协会的作用外，还需发挥政府的监督作用。政府的监督与保障有助于提升企业参与高等职业教育的积极性，并可能造成企业重复参与校企合作的现象，而这种重复性合作可以让企业深入了解院校的履约情况及人才培养流程，从而产生长期参与高等职业教育治理的行为。企业多次参与高等职业教育人才培养工作，不仅对企业自身，而且对院校、政府和社会等各方也都是极为有益的。因此，在行业标准订方面，政府应引导行业协会发挥自身优势，并给予行业协会参与制订实训方案的权利，实现实训方案与行业标准相衔接，避免信息不对称问题导致人才培养工作出现误差。随着行业协会的普遍成立，政府应自觉放权，鼓励行业协会推进校企合作、参与指导教育教学、开展质量评价等。另外，由于人力资本交易不同于普通交易，存在一定的特殊性，因此企业培训合约的正式执行应受到行业协会的监管。倘若校企之间发生冲突，则需行业协会参与协商解决，这样可以有效降低校企间的道德风险，打造政府、企业、院校、行业共同发挥职能的标准化平台，保障行业协会发展道路的科学性、规范性。

建立企业参与高等职业教育治理的成本补偿制度，构建信息化平台。第一，建立企业参与高等职业教育治理的成本补偿制度，实施选择性激励。政府应对积极参与高等职业教育治理的企业给予合理的补偿，但需把握好补偿的力度。目前，政府能够利用诸多手段补偿相关企业，如财政补贴、税收优惠等，这些手段具有良好的激励效果。然而，部分地方政府并未对企业的参与行为进行有效筛选，不能有效地发挥激励作用。为了引导企业真正有效地参与高等职业教育治理，地方政府应区别对待企业的积极参与行为与消极参与行为，订赏罚分明的制度。对为高等职业教育发展作出突出贡献的企业，应给予奖励，如提供贷款优惠、税收优惠、专项基金补贴等；对不积极响应高等职业教育发展的企业应给予一定的惩罚，如提高贷款要求等。

第二，构建信息化平台，保障人力资本收益。企业参与信息化平台建设可以为企业树立良好的品牌效应。经济激励与品牌效应都是刺激企业参与信息化平台建设的诱因，并且两者间存在一定的关联。除经济激励之外，企业还想获得大众的认可和良好的口碑，这样便可对潜在客户的消费偏好进行引导。因此，政府部门需搭建信息公开平台，完善社会激励机制，促进行业协会监督职能的有效发挥。如此不仅能够监督企业在校企合作中的表现，还能在一定程度上宣传企业的品牌，增加企业的品牌资产。

明确企业的主体地位，对企业的人力资本产权进行科学配置。第一，明确企业的主体地位，优化企业内部治理结构。只有明确企业在高等职业教育治理工作中的主体地位，才能使企业根据自身的基本情况和用工需求参与治理工作，从而培养出符合企业需求的高技能实用型人才。因此，政府应明确企业在校企合作中的义务与责任，如招生权、专业设置权、企业文化的渗透权等，使得企业深入参与高等职业教育治理工作。校企合作双方有终止合作的权利，当任何一方认为合作中有损自身利益的行为产生时，都可以提请终止合作。地方政府应根据当地的教育发展状况及企业的发展状况，优化校企合作环境，引导企业优化内部治理结构。

第二，对企业的人力资本产权进行科学配置，减少交易费用。促进企业积极参与高等职业教育治理工作需要具备两个条件：一是国家承担一定比例的企业支出，二是国家出台独立产权激励政策。若无法实现上述条件，则企业在大多数情况下并不会主动参与高等职业教育治理工作。基于社会学视野来看，公共利益处于动态变化状态，只有当个人利益与公共利益重合时，个人才可能从群体角度采取行动。对于参与企业而言，一是教育主管部门应分割高职院校实习学生这一人力资本产权，对参与企业使用该人力资本产权的方式、时间等内容作出明确规定，避免该人力资本产权流出企业。二是教育主管部门还需对高职院校实习学生这一人力资本产权进行限制，避免未参与校企合作的企业"免费搭车"使用该人力资本产权，这有助于避免该人力资本产权受到稀释。

第四节 慕课对高等职业教育的影响

MOOC 是英文 Massive Open Online Course（大规模开放的在线课程）的缩写，翻译过来是慕课。慕课于 2012 年在美国兴起，随后在美国 Coursera、Udacity 和 edX 三大平台相继开课运营后，吸引了世界各地的学习爱好者加入，纽约时报将 2012 年称作"MOOC 年"，慕课成为网上学习的一种发展趋势。2013 年，清华大学和北京大学加入在线教育平台 edX，慕课正式进入中国，这在我国的教育界引起了很大的震荡。此后，慕课在我国高校广泛传播，大学生纷纷注册账号通过手机电脑进行学习，对教学效率的提升产生了很大作用。慕课是传统在线学习模式的升级版和加强版，得到了高校师生的青睐。然而，慕课对高等职业教育的影响很大，它对高等教育的教学模式、教学组织与管理等方面进行了改良，而且对高等教育模式提出了挑战，促使高等教育向终身教育发展。

一、对高等教育教学模式的挑战

慕课源于传统的课程，却优于传统课程，主要是因为慕课能够传递的信息量要远高于传统课程。另外，慕课不受时间、空间所束缚，能够将各种优质教学资源以相对低廉的成本发布给所有课程学习者。这种新型学习模式对以讲授为主的高职教育的传统学习模式影响巨大。慕课允许学生根据自己的学习兴趣自主选择课程内容，在学习过程中自由安排学习时间，不受学习地点影响，只要连接网络，就能实时高效地学习。通过网络平台进行慕课教学能够将课程内容大规模推广，让更多的人获取知识。另外，基于信息技术的高速发展，许多传统教育无法实施的教学环节都可以通过慕课进行开展。例如，学生学习的相关数据统计分析：如学生完成作业的准确度、参与度，通过对实时数据的统计分析，能够对学生的学习效果进行可量化的指标性评价，便于授课教师有效监控学习效果，调整教学内容，从而有针对性地引导学生进行自主学习，学生可以通过慕课平台及时了解自己的学习状况，并进行学习进度调整，从而养成良好的自主学习习惯。

当前我国慕课已经基本覆盖大学开设专业的主要课程，很多专业性较强的课程需要一定的基础和专业背景才能学习。在高等职业教育中，已经广泛开展信息化教学改革。其中，开发相应课程的慕课是主要的教学改革方向。很多教师已经利用慕课开展线上线下混合教学。这种教学模式对传统教学模式是一种颠覆式的改革。针对教学内容课上课下讲授方式区别较大，教师通过与学生在线交流讨论引导开展课程教学，并需要提前设计慕课能够吸引学生的讲授方式和内容。教师灵活运用慕课教学特点，开展课堂教学，学生接受程度更高，更加高效有吸引力。高等教育教学改革迫在眉睫，适应新时代新形势需要，高职院校开展信息化教学已经成为必然。按照国家教育部"教育改革二十条"要求，我国高等教育在今后要大力开展信息化教学改革，将大力推广慕课教学改革与创新。

二、促进高等院校的合作与竞争

由于传统的高等教育受制于地域的限制，往往各自为政，整体来说，合作和开放程度远远不够，通常情况下，国际的合作也仅仅局限于学院之间互派交换生或者科研合作项目等。高等院校的竞争力通常体现在学校的声誉、师资水平和科研成果等方面，传统的教学模式对加速学校的国际化进程效果不明显。

2012年慕课平台的建立打破了各个高校的"壁垒"，各大慕课平台相继与世界各地的顶级院校合作，共同确立合作项目，合作开发课程，而且通过慕课平台对收集到的各种数据信息进行相关的研究和改进。另外，部分地区的高等院校相继组建本地区的慕课联盟，在竞争中寻求发展。新的合作模式弱化了实体大学的边界，各个高校在虚拟的网络环境中与其他院校分享自己的优势教学资源，形成"线上校园"，对推动高等教育的国际化与开放性起到了非常重要的作用。

目前的教育形势是数字技术在逼迫着教学的发展，大学在网络课程领域不进则退。数字技术是大学保有竞争力的必然选择。慕课已经迫使全世界的高校进入竞争状态，无论是主动的还是被动的，各个高校已经别无选择。因此，高校需要考虑各自的国际化战略和开放式战略。高校可以选择与一些盈利性或者非盈利性平台合作开发课程或是项目，从而提高院校的知名度。高校也可以依托地方政府和其他高校联合开发具有地方特色、适合本地区学习者的课程。另外，高校无论选择哪种战略合作方式都需要清楚一点：发展自己的特色，提升自己的"内功"修为至关重要。只有提升内在（包括学科内容的质量和优秀讲师的质量等）、打造特色，才能通过平台展示自己，否则无法吸引更多的学习者加入，也无法实现院校培养的目标。

三、促使高等教育为终身教育服务

终身教育是学制教育的延续，面向全民；是正规教育的补充。它是持续的、贯穿一生的学习方式和行为习惯。终身教育包含广泛，只要有助于个人全面发展和完善的学习教育实践，均可被认为是终身教育。过去我国主要通过函授、电大教育、成人教育、老年大学等方式开展终身教育。但这些教育途径都存在教育资源有限、学习群体受众面窄、学习自主性低、学习效果差等弊端。随着网络技术的发展，慕课所具有的规模大、课程全、费用低、效果好等特点决定了它满足终身教育的要求。以后必然从高等职业教育走向终身教育。

（一）受众群体分析

慕课的受众群体是面向全民的，从学龄前儿童到百岁老人，只要能够通过网络想要进行学习，都可以获取他们所需的知识和课程。慕课没有学历等方面的限制，也没有过高的学费。不再受工作、贫富、学历等诸多因素的制约，使更多愿意学习的人能够获得所需的知识，受众群体广泛且庞大。

（二）慕课教学模式分析

慕课教学内容与传统教学最大的区别就是它所讲授的内容相对比较碎片化，讲授时间一般在 10～15 分钟，时间短，教学任务相对单一并且明确。从而使学习者能够快速学习课程内容而不枯燥。另外，自己按照学习进度和掌握情况进行学习，自我管控更加灵活。从而为不同年龄、不同文化背景的学习者提供学习的机会。从而尽可能多地吸引有学习意向的人们参与课程学习，主要是依靠学习者的自主学习，彻底由传统的"要我学"变为"我要学"。

（三）慕课发展趋势分析

基于网络的慕课，天生就具有多样化和包容性的特点。学习者选择慕课，不仅仅是为了获取证书或学历，而是利用慕课上丰富且优质的教育资源进一步完善自我，提高知识储备，提升业务水平，拓展兴趣爱好或休闲娱乐，等等。慕课可以涵盖生活的方方面面，因此，对于终身教育必不可少。在恰当的时间学习需要的课程将是一种发展趋势。

由于慕课的快速发展和普及，从而使高职教育的范畴得到进一步扩展，使职业教育向终身教育进行更加广泛的延伸。原有的职业院校教育体系对社会服务不足，主要是对学校学生职业技术能力的培养和学历的教育，仅仅局限在相对固定的年龄层次，对于中老年人群，下岗职工等群体职业技能再学习，再培训作用有限。慕课完全破除了传统意义上的壁垒，逐渐成为终身教育的推动者和引领者，使职业教育有了更加广阔的服务人群，职业教育在慕课的助力下服务社会的能力得到了极大的提升，社会各阶层、各年龄层的人群都能够通过慕课学习与之相适应的职业技能，学习变得高效便捷，高职教育也从院线教育逐渐拓展为全民教育、终身教育。

（四）促使教师由个人向团队合作转变

众所周知，一个学校办得好不好，师资力量是重中之重，教师对一所学校的重要性不言而喻。然而，在高等教育阶段，教师除了上课之外，搞科研也是一项重要的任务。从目前高等教育的教师职能来看，只有一些研究型大学中设有科研岗，大部分高校的教师职能还是以教学为主。教师主要由专业教师以及行政管理人员两大类组成。但是，随着慕课的不断发展，高等教育也在不断发展，高校的人员组织形式也面临改组。

从慕课的整个实施过程可以发现：在课程刚开始创建时，需要一位对课程领域十分熟悉的专家型学者来设计、把控整个课程的方向，他首先提供这门课程的一个计划和蓝本，决定着课程是否能引起学习者的关注并激发学习者的兴趣。课程定位创建好以后，紧接着就需要找一位优秀的主讲教师，这类教师首先要具有自己的特点和风格，课堂风格幽默风趣、经验丰富、知识渊博，因为学习者通过他可以直接感受到整个课程的情况，他是整个课程的门户。有一项针对我国学习者对慕课认同感的调查报告显示，学习者对课程的授课教师的认同感仅次于对课程内容的认同感，由此可见，优秀教师对课程成功的重要性。线上学习者一般是一些对线下教育模式和教师授课厌烦的人群，所以，如果还是按照线下的授课模式，估计学习者很快就流失了，因此，慕课要吸引学习者的"杀器"必须具有自己独特的个人魅力。

上面提到的课程设计者和讲授者可以是一个人，也可以是一个团队。然而，慕课如果要良好运作，技术人员的专业支持也是非常重要的，如讲座视频的录制与剪辑、灯光音效设备的调试以及教师讲课过程可能会用到的一些教育技术的支持或者是线上平台的维护……此外，许多助教日常还要对论坛进行管理、对学习者在线答疑以及与学习者互动沟通。因此，慕课的运行使高校教师由单打独斗向分工合作转变，整个团队成员缺一不可，否则无法完成慕课的良好运作。曾有人评价慕课课程的制作就像拍一部电影一样，编剧、导演、演员乃至后勤保障缺一不可，团队的重要性可见一斑。

大学慕课已经在部分高校得到互认，但全国所有高校课程学分之间互认还存在一些客观问题的制约。这方面的讨论仍在进行，这是一个循序渐进的过程。高校之间相互合作、积极开放课程资源为学习者提供了多种学习途径和选择机会，在课程内容的选择、学习时间的选择、学习环境的选择乃至职业规划系统的调整选择上都起到了积极作用。总之，慕课与高职教育相辅相成、相互促进。不久的将来，慕课将与高职教育形成线上线下相结合的教学方式。这种混合式的教学方式将使部分学校的公共基础课程不再需要专职教师来讲授，可以直接通过在线慕课的方式，利用成熟的优质课程资源进行课程学习，线上或线下考试获得对应学分。对于专业课程教学也可以通过慕课的方式将本校师资力量不足的部分进行弥补，教师角色将发生巨大变化。那些授课优异的教师主要完成课程内容的最佳呈现；课程团队有些教师将转变为课程辅助性工作，如课件制作、线下辅导、资料整理分析等。在这些转变中，教师角色发生改变，作为课程团队的成员，教学和科研能力都将得到进一步的提高，教学质量和科研质量也都得到有效保障。

第五节 高等职业教育特色之逆向思辨

"特色"一词，在中国可谓一个高频词汇。"特色"，因其与特别讲究"创新"的科教活动紧密联系，在教育领域特别是高等教育领域，"特色"总被极力推崇。此外，"特色"，还常与颇具商业色彩的"品牌"一词相关联（所谓品牌特色、特色品牌），因之，它又与策划、营销、传播等相联系。

中国高等职业教育历史短、基础弱、特色不彰、社会认可度不高。念兹在兹，唯此为大。早在2008年，安徽省就提出"科学定位、分类指导、多元发展、特色办学"的高等教育发展方针。教育部也在总结经验的基础上，于2015年印发了《高等职业教育创新发展行动计划（2015—2018年）》。各高校围绕"特色"纷纷行动，顶层设计加底层探索，着力打造特色。

一、相关概念之辨析

"特色"，若按古汉语分训之："特，牛父也"（《说文解字》卷二牛部），即牛角突出，壮硕健美的公牛；"色，颜气也"（《说文解字》卷九色部），类若气色、气相等，如和颜悦色、色厉内荏等。合训之，则应该就是像牛群中的公牛那样具有不一样的架势和神气。现代汉语解释"特色"，则是指事物表现出来的独特的（一般也是正向的）气相、风格、气派等，如艺术特色、特色小吃、中国特色等。若通俗解释之，即"人无我有，人有我优，人优我特"。

"特色"一词的相似概念，有特点、特征、创新等。特点、特征意义相近，皆指事物所具有的特殊之处或一事物异于他事物的特殊性。世界上万事万物都是个性（殊相）和共性（共相）的统一，所以才有"世界上没有两片完全相同的树叶"（莱布尼茨）。若从哲学原理推论，事物本来就是以其特殊性而存在的，从这一点来说，特点、特征，包括特色，是事物本来就有的，本无足多论。唯"特色"一词，虽为名词，但人们在使用时却带有强烈的动词倾向（意向性），如打造特色、提炼特色等，这样，在实践中它就与"创新"一词更具亲缘性，也经常连用，如特色创新、创新特色。

若细加考察，特色、特点、特征三个词，虽然意义相近，都是表示一事物异于他事物的殊异性，但它们还是有细微差别的。特点、特征，偏重于客观事物独特性状的描述和表征；特色则更强调这种独特性的显示度和辨识度，更加重视他者视角和公共评价。这是一种词语的强弱性差别。

一般来说，特色是事物的存在方式，没有特色，就没有存在之可能与必要性。因为世界本来就是多样统一的生态系统。就特色概念本身来说，它是模糊的，没有统一的认识和明确的界定，完全取决于人们的主观认识和评价指标的设定。特色又是比较的范畴，在一定范围内相对其他同类事物的比较而言，是在一定的评价指标下的相对胜出而已。因此，没有绝对的所谓特色。

当今社会，特色之所以被抬高至至尊地位，恐怕与现代社会人们主体性的勃兴和市场经济条件下竞争意识的凸显有关。大多数情况下，我们所言说的特色，皆带有较强的功利色彩和焦灼心态（如打造特色）。

大体来说，特色具有如下几个特征：

一是主体性。特色一定是特定的主体根据自身的特点（历史的和现实的），主动建构和长期实践的结果。它虽然离不开相互学习借鉴，但又不能简单模仿、克隆。它的理想形态应该是独特风格和气派的生成，而不是脱离主体性的任意表征和照搬照抄。

二是时空性。特色具有两个维度：空间维度和时间维度。就空间维度而言，特色是在一定的空间氛围内同类相较（所谓有比较才有鉴别）的产物。如"中国特色高等职业教育"，一定是就世界范围内与其他国家高等职业教育相比较而论的。而特色的时间维度，则是指特色的历时性和一贯性，即特色不是一蹴而就的，一定是长期积累、积淀的结果。从这个意义上说，特色是要有历史底蕴的。

三是公认性。特色虽然离不开主体的主动建构和宣介，但归根结底需要公众的接受和承认，即它具有一定的他者性，需要公众的认可、认同和口碑相传。特色的形成是一个复杂的过程，且往往带有一定的滞后性。

概言之，特色具有如下功能：

一为区分、识别功能。从哲学意义上说，特色是事物的存在样态和存在方式。特色与事物是不可分的，没有无特色的事物，更没有脱离事物的特色，事事、时时、处处有特色。在日常生活中，我们之所以强调特色，正是看中了它的这一功能，目的是在尊重规律的前提下，通过发挥人的主观能动性，提升事物的区分度和识别率。

二为吸引、凝聚功能。特色与知名度，尤其与美誉度密切相关。特色一旦形成并得到较好的传播，它就会吸引更多人的关注，公众也会乐意为之付出和投入。这样，特色主体就很容易吸引、集聚更多的资源和能量。

三为导向、激励功能。特定指标的比较会带来自我形象价值的满足感，会刺激主体将更多的资源投入特色的建设、维护之中。同时，特色也为社会提供标杆和典范，会吸引更多的追随者和学习者。

二、多重路径之选择

职业教育是中国近代学校教育体系的一部分，发轫于晚晴洋务运动时期，已有 150 多年的历史，而明确将高等职业教育纳入高等教育体系，只有短短的 21 年。受多种因素的影响，职业教育包括高等职业教育一直被视为"等下"教育。

但是在改革创新的时代精神感召下，高等职业院校从来不缺乏创新的热忱。也许，现实的境遇也提供了一定的压力和动力。仔细梳理高职院校"特色"的创生路径，其模式大致有三：

一是概念化模式，即通过概念的操作"制造"出特色的模式。为应对评估评比、工作汇报或宣传以及招生等工作需要，各院校纷纷从办学定位、人才培养模式、专业结构体系、课程体系、实践教学体系、校园文化等方面仔细搜寻，着力描绘自身的特色所在。如院校定位方面，多以"立足这里、服务那里"或"面向这里、辐射那里"等话语表达。人才培养模式则归纳为"X+X培养模式""学徒制""工作坊"等。专业结构体系表述为"建设X大专业群，打造特色品牌专业，形成结构合理、资源共享、优势互补、协调发展的专业结构体系"；人才培养方面则描述为"开设必修、选修课程，实行学分制，建立了实验实训、见习实习、社会实践及创新创业活动在内的实践教学体系"。

在实践中，还有列举过去的办学成绩当成办学特色的，也有将办学特色的应然置换成实然的。

二是间接经验模式，即希望通过学习兄弟院校的新理念、新模式、新经验，转换升级或模仿，逐渐内化，形成自己的个性和特色。近年来，很多院校非常重视外出学习考察活动，且要求回校后都要形成材料进行汇报交流，"一人学习，全校受益"。

三是直接经验模式，即秉持"三因制宜"，通过"持续不断的努力涵养不可替代的内涵"，经过时间的历练和淘洗，创造出自然流露的或被感受到的"特色"。

简而言之，第一种模式可以称之为"说出来的"模式（或"写出来的"模式），第二种可称之为"学出来的"模式，第三种则可称之为"作出来的"模式。

在教育场域中，那种通过公理演绎或概念套用而制造出来的所谓"特色"，并不少见。诚然，特色需要总结、凝练，形成文字（话语），形成理论（理念），也需要适度的宣传推广，但特色毕竟不是纯粹的文字游戏和概念推演，它不该是应景交卷的"急就章"，更不该是聊以自慰的"宣传语"。打造特色，同样离不开互相学习和借鉴，但经验学习本身是个复杂的"技术活"，不能片面、机械地模仿。我们渴望获得别人成功的秘诀，却忽视了这些秘诀是不可以简单移植模仿的。所谓"一直在模仿，从来未超越"说的就是这个道理。因为校情不同，环境有异，如果还是一味地墨守成规，就表现出了思想的僵化和保守。简单的模仿和克隆，容易因为"水土不服"而导致"四不像"甚或迷失自我。不少失败往往源自机械克隆与简单拷贝。对于每个院校来说，贵在从他人身上汲取营养成为独特的自己。而特色创新的直接经验模式则强调特色的校本化和本土性、实践性，体现出特色的"本我""由我""为我"特性。打造特色的过程，也是自我认知的过程。唯有知晓"我是谁""我要做什么"，才能明白"我要到哪里去"以及"我应该如何去做"。同时，特色的创造也要求主体上的师生参与性和时间上的历时性，即师生参与、历代坚守、经年始成。虽然特色的形成离不开社会的认可，口碑相传，但特色首先是为师生员工及院校的可持续发展服务的，并且得到师生的认同认可，同参与，共感知。所谓特色应该是自然流露出来的，而非精心编撰出来的；是能够被感受得到的，而非疏离悬隔的；是得到同行或公众认可的，而非自娱自乐、自拉自唱的。它应该是立足本校、融通内外、胸有定力、行有目标，用双手和时间实实在在浇灌出来的果实。

三、矛盾关系之处理

细究起来，高等职业教育的特色问题，会因语境或问题域的不同而蕴含不同的含义，也会因比较的范围、层面和比较点的不同而呈现出不同的结论。首先，空间上，就国际比较来说，我们倡言打造中国特色的高等职业教育（或中国特色的现代职业教育体系）。在钦羡德国"双元制"的同时，我们也从另一层面看到我国高等职业教育的独特性："专科层次高等职业教育是融合高等教育和职业教育的新模式，为我国首创，受到发展中国家欢迎。"只不过前者是就办学模式来说的，后者是就办学层次定位而言的。就国内范围来说，不同省份或地区的高等职业教育，自会呈现出不同的特色。其次，就整个教育体系内部的关系定位来说，高等职业教育，作为高等教育体系中的一个"类型"，同时作为职业教育体系中的一个"层次"，它理应有自己独特的办学特色，而不应办成普通高等教育的"压缩版"或中等职业教育的"加长版"。最后，就具体高职院校来说，则一校之内的所有要素、方面、系统等，样样皆可成特色。例如办学模式、教学模式、教学科研等；又如师资队伍、专业建设、教学改革、课程改革等；再如教学成果、就业创业、社会服务、国际合作以及党建思政、管理服务、校园文化，等等，可谓"处处留心皆特色""所在皆为创新点"。

动态地看，我国高等职业教育特色的内涵具有典型的历史性。我国高等职业教育特色的内涵或主题，可以根据侧重点的不同划分为投入型、质量型和过程质量型三种类型或三个阶段，不同时期的院校特色建设无不带有阶段性特征。

一是投入型特色阶段。加大硬件投入和量的累积，以"高职高专院校人才培养工作水平评估"为契机，检视办学条件，补齐短板。这种以达标型合规性审查为主要目的的评估，本质上属于外延式特色建设。

二是质量型特色阶段。强调"走以质量提升为核心的内涵式发展道路"（《教育部关于全面提高高等教育质量的若干意见》教高〔2012〕4号）。围绕"科学定位、特色发展、创新发展、提高质量"的总体目标，实行"绩效评价"和"绩效报告"制度［《教育部关于印发〈高等职业教育创新发展行动计划（2015—2018年）〉的通知》教职成〔2015〕9号］。这是对高等教育"同质化倾向"的反思和拨正，是对高等职业教育内涵式发展的自觉探索。虽然倡导"坚持内涵式发展"，但它在本质上还是属于外铄性的，而非内发性的，这从它"绩效评价"的对标志性的制度设计就可以看出。

三是过程质量型特色阶段。其标志就是《教育部办公厅关于建立职业院校教学工作诊断与改进制度的通知》（教职成厅函〔2015〕2号）文件的发布，强调突出院校主体、质量为先、过程监控、自我保健、自我诊断、持续改进。无标性、举证法（证据链）、旋进式（持续改进）是这一阶段的主要特征。

就特色本身的形成来说，特色还具有层次性（阶梯性）。特色品牌的形成，一般呈现四个阶梯，即特色点（单点或多点创新，如某高校坚持早操、某高校推出"一元菜"等）→类别特色（单个类别的创新，如体育文化特色或社团文化特色等）→系列特色（单个或多个系列的创新，如校园文化特色、培养模式特色、管理模式特色等）→系统特色（系统集成创新，形成院校特色品牌——办学特色）。可谓是一条"校以品传，因品显校"的特色之路。

笔者认为，办学特色本质上是多种创新方式的综合运用，贯穿于办学行为过程，体现于学校诸要素、诸层面。这就要求我们在办学过程中，需要特别注意克服趋同化和同质化倾向，综合运用多种创新手段和方法。人们把这些创新的成果集中起来——院校特色专业特色、课程特色……冠之以"特色"之名。

问题的关键不是要不要特色，而是如何打造特色，打造什么样的特色。为此，需注意处理好几个关系。

（一）底线管理和特色发展的关系

底线管理，要求通过订各层面的"底线"标准，保住根本、兜住底线。高职院校"底线管理"内容包括意识形态底线、安全生产底线、规范办学底线、质量底线等。在学校、专业、课程、教师、学生等不同层面应建立完整且相对独立的（底线）标准体系。一堂课、一张试卷、一场考试、一门课程等也应当有"底线"标准。这些标准守住的是不可逾越的底线，是规范办学的基本要求和质量底线。但"下有底线，上不封顶"，因为这些标准又不是一成不变、不可逾越的，向上提升创新理应不受限制。坚持底线管理，同时也为特色创新（创新创业人才培养和特色办学）预留巨大的发展空间，只不过从某种程度上说，建立并坚守底线标准比建立"高大上"的标准要困难得多。

（二）跟跑与领跑的关系

他山之石，可以攻玉。特色创新当然离不开学习、借鉴（跟跑），特别是在事业的起步阶段。但学习本身是一个复杂的"技术活"，还常常伴随一定的风险和代价。首先是选择的风险。教育场域的新概念、新理念、新模式层出不穷，有些院校今天觉得这个好，明天感觉那个棒，还没来得及咀嚼、消化、吸收，就又被迫转入下一场学习运动之中，如此就会劳民伤财，疲于应付。其次是"可学"与"不可学"的风险。技术层面、操作层面的东西是可以学的，"但当下我们面临的变革绝不仅仅在技术层面，更深层和关键性的变革，必然发生在组织层面、观念层面以及思维方式上"。而这些恰恰是不可学的，至少是不好学的。没有对纷繁复杂的职教理念的思辨性把握和创造性实践，好经也会被念歪。最后是失去自我的风险。盲目学习和机械模仿，因为缺少理性、执着和坚守，不免有东施效颦之嫌和自我迷失之险。解读别人的同时还要读出自我。一个学校有一个学校的校情，如区域环境、行业背景、历史沿革、发展阶段、优势特色、瓶颈短板等。打造特色，需要结合校情区情，坚持传承和借鉴统一，切忌丢掉自己本来的优势和特色，却去追逐别人所谓的热门和时尚。

以教育部《高等职业教育创新发展行动计划（2015—2018 年）》为例，该计划提出要在 2018 年年底前建设 200 所左右优质专科高等职业院校。"优质校"就是标杆校、领先校，高职院校在建设过程中既不能照搬国家"示范校""骨干校"的建设经验，又不能互相抄袭。鼓励首创和领跑，形成"把优势转化为特色，错位发展、竞争发展、特色发展的职教新生态。"理应彰显"个性化"的特色，不能再次演变成新一轮的"同质化"局面。

（三）守正与创新的关系

正，即正道、正途。守正，要求守住本分、本质、本来，不离常识、常态、常规。守正和创新的关系有类于古人所谓"道"与"术"的关系，术虽万千，大道至简。创新，提倡打破常规，但并非"随心所欲"，还要"不逾矩"，既要破规矩，还要守规矩。

创新，强调"新"，本质上是没有标准答案的，但不是没有标准的，这个标准就是高等职业教育之"道"（高等职业教育之为高等职业教育之本质规定），如高等职业教育应遵循的"三合"和"四梁八柱"等。

创新，强调"变"，本质上是面向未来的，但在畅想未来的同时，一定不能忘本。创新，要求心有所定，行有所本。此处之"本"，约有三层含义，一是学校的校情校貌、传统现实等；二是教育教学的本来样态（如教育常识、教学常规、家常课等）；三是教育教学改革的根本价值取向。高等职业教育所有教育教学改革，最终要落实到人才培养质量上，落实到学生的关键能力、核心素养和可持续发展潜质上。

相较于普通高等教育，高等职业教育没有历史包袱，没有现成模板，较少有政策、资金支持，常被视为高等教育改革的突破口或探路者，但特色创新需要"谨慎的注意"。首先，创新有真创新，也有伪创新。单纯的概念创新就是伪创新，为创新而创新无异于瞎折腾。有人说，教育领域不缺理论、口号，缺的是常识，缺的是专注与投入。其次，创新一定是实践的创新。熊彼特在论述经济创新时一再告诫大家创新必须回到真正的实践检验当中。所以我们在谈到理念创新、观念创新、思想创新时，那还不是终级意义的创新，至多只是创新的准备。虽然思想是行动的先导，但理想还要照进现实，创新归根结底应当是实践的创新。

第二章　高等职业教育专业建设

第一节　高等职业教育专业教学标准建设

本节将论述目前高等职业教育专业教学标准建设存在概念与内涵缺乏统一认识、逻辑起点有待明确以及专业建设的指导作用不够凸显等三个方面的问题。分析专业教学标准对专业建设的指导作用没有充分发挥的原因在于没有把职业能力标准的开发纳入专业教学标准的范畴，从而使专业教学标准在指导开发课程教学标准、专业教学资源、专业实训条件建设标准、技能抽查（或考核）标准等方面没有起到应有的统领作用。职业能力标准是开发专业教学标准的逻辑起点，与人才培养指导方案、课程标准、专业实施条件共同组成专业教学标准。

我国的高等职业教育，经过国家示范院校和骨干校建设，逐步更新了职业教育理念，初步夯实了职业教育基础，目前已经进入国家优质校和"双高校"建设新阶段，同时也步入了强调内涵、追求质量的新时代。原教育部部长袁贵仁在谈及如何提高职业教育人才培养质量时就曾强调"质量是有标准的，没有标准就没有质量"。随后，教育部于 2011 年提出在国家层面建立职业教育专业教学标准的任务（教职成司函〔2011〕9 号），颁布了《高等职业学校专业教学标准（试行）》文件（教职成司函〔2012〕217 号），从高职专业名称、代码、招生对象、培养目标、办学基本条件、课程体系、职业资格证书和教学建议等十个方面陆续对十八个大类涵盖 410 个高职专业和 230 个中职专业开发了国家职业教育专业教学标准。上述专业教学标准的建设对职业院校的专业设置、专业结构调整与布局、课程建设与教学设计、教学条件保障等各环节具有指导意义。

2019 年年初，《国家职业教育改革实施方案》（国发〔2019〕4 号）提出要"建成覆盖大部分行业领域、具有国际先进水平的中国职业教育标准体系"，在第五条中重点强调要完善教育教学相关标准。站在国家优质校、"双高校"建设的潮头上，高职教育新一轮专业教学标准的开发已经吹响了冲锋号，试图对这些相关研究成果与具体实施情况进行归纳和总结，期待能为职业教育专业教学标准开发贡献笔者的绵薄之力。

一、专业教学标准建设存在的问题

（一）概念与内涵缺乏统一认识

自 2005 年以来，相关学者陆续对专业教学标准的概念与内涵进行了研究，并给出了研究者本人的理解。束剑华在文章中明确指出职业教育专业教学标准是职教的人才培养质量标准，是由国家相关部门颁布并具有强制性的规范和要求，一般由专业目录、能力标准与核心课程标准、开办基本条件、教育质量评价指标体系等构成。杨延在研究国家标准的结构一文中，描述专业教学标准是职教专业教学的纲领性、指导性文件，是对专业教学系统内一系列活动的状态、过程、结果的规范和指导，是由专业设置、培养目标、课程开发及方法、培养计划、教学大纲、教学管理文件等构成的。2012 年，教育部职业教育与成人教育司发布实行的第一批高等职业学校专业教学标准，规范了专业教学标准主要由专业名称、入学要求、基本学制、培养目标、职业范围、人才规格、主要接续专业、课程结构、课程设置及要求、教学时间安排、教学实施、教学评价、实训实习环境、专业师资等14 项主要内容组成。然而，学者们对专业教学标准的理论研究并没有止步。徐国庆等人认为，一个完整的专业教学标准体系包括职业能力标准、人才培养指导方案、课程标准、专业教学实施条件。季峰等研究人员认为，专业教学标准主要内容涉及就业面向、课程体系、实训平台、教学方法和手段等，强调按岗位技能、知识、素质要求、"工学结合"教学模式确定课程体系与实训体系。濮海慧对专业教学标准的定义是详细描述专业所面向工作岗位的职业能力要求、人才培养指导方案与专业设置条件的规范性教学文件，并指出能力标准需要与资格证书考试大纲有效整合。张宇与唐正玲则提出专业教学标准是详细描述专业所面向工作岗位的职业能力要求、人才培养指导方案与专业教学设置条件的规范性教学文件，其开发遵循以岗位职业能力要求为导向定位培养目标、以典型工作任务为线索设计课程、以职业能力为依据开发课程内容、以"理实一体化"为原则设计教学模式。杜怡萍定义了专业教学标准是开展专业教学与建设的纲领性文件，是确定培养目标与规格、组织实施教学、规范教学管理、加强专业建设、开发教材与学习资源的依据，是评估教育教学质量的标尺。马亿前等指出专业教学标准是由国家教育行政主管部门组织订并统一颁布实施的详细描述专业所面向岗位的职业能力要求、人才培养方案、课程标准、专业实施条件等的规范性教学文件。最近研究学者指出专业教学标准是以最新的职业标准、岗位要求为基准，构建以职业能力为主线的规范性文件，其本质在于遵循专业建设的规律和人的身心发展规律，参照职业岗位序列以及岗位技术等级，科学合理地确定人才培养目标与规格。

从以上众多学者的研究结果分析，目前针对专业教学标准的定义及其内涵，还没有取得比较一致的认识，实际工作中可能还存在专业教学标准就是专业人才培养方案，只是换了一个名称而已的肤浅认识。怎么去科学合理地界定专业教学标准的定义及其内涵，同时取得职业教育领域同行的高度认可和思想理念的统一，应该是积极响应国家号召，建成具有国际先进水平的中国职业教育标准体系工作的首要前提。

（二）开发的逻辑起点有待明确

我们做任何一项工作，一般都会有一个很清晰的逻辑起点，从哪里开始，在什么地方结束，开发专业教学标准也不例外。开发或修订专业教学标准的过程，其实也是遵循人才培养规律的过程。我们开设一个新增专业，必须是对接社会行业企业的需求，通过到行业企业走访调研，进行行业企业岗位（群）职业能力分析，形成专业人才需求调研报告。目前普遍的做法是这个专业的人才需求调研报告直接指导专业教学标准的起草，专业人才需求调研报告中对行业企业岗位（群）职业能力分析得精准与否，直接反映在专业教学标准（也可能还是人才培养方案）中培养目标、职业范围、人才规格描述的准确与否上。从这个层面上分析，新增专业人才需求调研报告的质量无疑是保障专业教学标准质量的必要条件，在源头上影响专业人才培养质量。对于一个非新增专业，每年都会召开专业建设指导委员会会议，听取行业企业专家对职业院校相关专业教学标准中培养目标、人才规格、部分课程设置以及教学内容的修订意见。从这个层面上分析，专业建设指导委员会专家的遴选以及专家本身的业务水平无疑是保障专业教学标准质量的必要条件，也在源头上影响专业人才培养质量。综合以上两点分析，专业人才需求调研报告和专业建设指导委员会专家评审意见是开发或者修订专业教学标准的逻辑起点。这种方式也是目前广大职业技术学员普遍采用的方式。

依据教育部职业教育与成人教育司发布实行的第一批高等职业学校专业教学标准中所包含的 14 项内容，结合徐国庆等人认为一个完整的专业教学标准体系包括职业能力标准、人才培养指导方案、课程标准、专业教学实施条件四个模块，我们不难对 14 项内容按四个模块进行归属。专业名称、入学要求、基本学制、培养目标、职业范围、人才规格、主要接续专业、课程结构、教学时间安排可以归属到人才培养方案模块中；课程设置及要求、教学实施、教学评价可以归属到课程标准模块中；实训实习环境与专业师资配备可以归属到专业实施条件模块中。那么徐国庆等人所提到的职业能力标准是什么？具体涉及哪些内容？职业能力标准是指对特定岗位或岗位群中职业能力（知识点与技能点）的条目化、系统化、精确化描述与制度化规定。

最近的理论研究文献以及标准实践开发工作中，虽然已经有一些研究成果明确把职业能力标准作为决定为专业教学标准的核心组成部分，并指出职业能力标准是开发专业教学标准的理论基础和逻辑起点，然而在实践层面的标准建设工作中比较少见，有待进一步明确。

（三）对专业建设的指导作用有待凸显

中国民航局颁布的《民用航空器维修培训机构合格审定规定》规章，明确要求申请成立民用航空器维修培训资质的机构必须依据《民用航空器维修基础培训大纲》和《民用航空器维修人员技能培训大纲》的要求编写《民用航空器维修培训手册》，同时为了满足《民用航空器维修基础培训大纲》《民用航空器维修人员技能培训大纲》的要求，专门发布了《民用航空器维修培训机构培训设施设备要求》，为建设培训机构的硬件设施提供指导。《民用航空器维修基础培训大纲》《民用航空器维修人员技能培训大纲》明确了民用航空器维修人员所必须掌握的基础知识点和基本技能点，完全可以理解为行业订的职业能力标准，全体民用航空器维修培训机构遵照执行，是民航147培训机构的纲领性文件。它最直接的作用是为民用航空器维修培训机构的建设，规定了培训课程体系结构和设置要求，为培训实施条件建设和培训课程开发提供了依据，同时还指明了培训师应传授学员哪些知识和技能，指导作用十分凸显。

类比到高等职业教育，专业教学标准是专业建设与教学的纲领性文件。它规定专业课程体系结构和设置要求，应该为教学实施条件建设和课程开发提供依据，同时也应该指导教师应传授学生哪些知识和技能，并对教学提出具体建议。然而，我们在如何开发订专业教学标准，如何发挥专业教学标准的作用时，可能还是与设想存在一定的偏差，可以归纳整理为以下五个方面。

第一，在开发订专业教学标准时，普遍没有把职业能力标准的开发纳入专业教学标准的范畴。一个专业的人才培养目标，尤其是知识要求、技能要求与素养要求不能仅仅局限在人才培养方案中罗列出来的人才培养规格上。职业能力要求不够清晰，必然直接导致人才培养的目标不够具体，最后人才培养的质量就不一定会符合行业企业的需求。职业能力标准中所归纳的知识点与技能点要求，其实就是在工厂企业普遍描述的应知和应会。这些要求同样已经反应在学院承接沈飞、哈飞新员工培训项目以及开办上海飞机制造厂订单班时，企业明确提出的技能清单要求中。这是专业教学标准对人才培养的规格与要求界定不够凸显，从而无法保障人才培养的质量。

第二，在开发订课程教学标准时，存在没有标准可依的问题。课程教学标准包括课程定位、课程目标、课程内容和教学实施建议等四个基本模块。其中，课程内容主要是为满足知识点要求所要讲授的内容。如果是工学结合的课程，课程内容中还必须依据技能点要求开发实训项目。这些知识点与技能点的要求，源头也直指职业能力标准。如果没有职业能力标准，在开发课程教学标准时，教学内容的设计就缺乏依据和准则，实际工作中课程教学标准的质量完全依靠开发者的知识结构和认知水平。目前在开发订课程教学标准工作中，开发者和执行者是同一个任课教师的现象还是存在的。这是专业教学标准指导课程教学标准的开发作用不够凸显，无法保障课程教学标准的质量，同样无法保障人才培养的质量。

第三，在开发订专业教学资源时，同样存在没有标准可依的问题。《国家职业教育改革实施方案》提出了"健全专业教学资源库"的有关要求，教育部职业教育与成人教育司也进一步明确提出遵循"一体化设计、结构化课程、颗粒化资源"的建构逻辑开发专业教学资源库。颗粒化资源的"颗粒化"原则即以职业能力标准中条目化、系统化、精确化描述与制度化规定的知识点与技能点。如果没有职业能力标准，在开发专业教学资源库时，围绕什么点去开发颗粒化的资源，可能就是首先要解决的问题。这是专业教学标准指导专业教学资源的开发作用不够凸显。

第四，在开发订专业实训条件建设标准时，同样存在没有标准可依的问题。在课程教学标准教学实施建议中明确了教学方法与教学过程建议、教学评价建议、课程条件保障建议等。为满足职业能力标准中技能点训练的要求，需要在课程开发中设计与之相适用的实训项目。开发实训项目必然就会有场地、设施、设备、工量具、劳动保护以及耗材的要求，这些项目清单就组成了专业实训条件的建设标准。如果专业教学标准中缺失职业能力标准，就无法指导专业实训条件建设标准的开发，从而无法发挥其指导专业实训条件建设的作用。

第五，在开发订技能抽查（或考核）标准时，还是存在没有标准可依的问题。虽然在课程教学标准教学实施建议中有教学评价建议，然而在职业能力标准缺失的前提下开发的课程教学标准本身就存在质量问题，那么在此前提下所提出来的教学评价建议，笔者认为更难符合人才培养质量要求。技能抽查（或考核）标准必然要回到职业能力标准的具体要求，形成一个标准体系的闭环，同时也是一个人才培养质量控制的闭环。

二、对问题的思考和建议

（一）统一概念与内涵

综合相关学者的研究成果，赞同专业教学标准体系应包括职业能力标准、人才培养指导方案、课程标准、专业教学实施条件的观点。职业能力标准是专业教学标准开发的基础构件，人才培养指导方案是专业教学标准的重要构件，课程标准是专业教学标准的核心构件，专业教学实施条件是专业教学标准的必要构件。以职业生涯发展为目标开发职业能力，以任务为线索界定职业能力，以职业能力为依据组织知识、技能与态度的要求。这一认识当然需要得到国内广大职业教育同行的一致认同。

（二）明确逻辑起点

赞同职业能力标准是开发专业教学标准的逻辑起点。如果我们把专业人才需求调研报告，改造、提升、固化成岗位（群）职业能力标准，使其成为专业人才需求调研工作的直接成果，用来指导专业教学标准的起草或修订。这样可以进一步把职业教育专业教学标准建设往前延伸，从前往后形成职业能力标准、人才培养指导方案（包括专业名称、入学要求、基本学制、培养目标、职业范围、人才规格、主要接续专业、课程体系结构、教学进程安排）、课程标准（课程设置及要求、教学组织实施、课程考核评价）、专业实施条件（专业实训条件建设标准、专业教师团队建设标准、专业教师任职资格标准）、学生顶岗实习标准、技能抽查（或考核）标准等，实际上最后人才培养的技能抽查（或考核）标准环节必然会回应到职业能力标准的具体要求，从前往后，环环相扣，却又始终以职业能力这条主线贯穿前后。

（三）积极发挥作用

职业能力标准的开发，可以在开发课程教学标准、专业教学资源、专业实训条件建设标准、技能抽查（或考核）标准等方面完善专业教学标准应该具备的指导作用。纲举目张，有了职业能力标准这个前提条件，人才培养指导方案、课程教学标准、专业实训条件建设标准、技能抽查（或考核）标准等体系文件的开发和订就有了服务的中心和依据，人才培养的质量才有了可靠的技术保障。

高等职业教育专业教学标准是开展专业建设与教学的纲领性文件。同时还是检验人才培养质量的标准。对于职业院校来说，专业教学标准是人才培养所应达到的规格要求；对于教育者来说，专业教学标准是开展教学工作的指导规范；对于行业（企业）来说，专业教学标准是用人单位选用员工的参考；对于学习者来说，专业教学标准是确定从事一个专业领域需要掌握的知识、技能和职业素养等内容的学习指南。这一切作用的有效发挥，源于职业能力标准的开发。因此，职业能力标准是开发专业教学标准的逻辑起点，与人才培养指导方案、课程标准、专业教学实施条件共同组成专业教学标准。

第二节　高等职业教育专业建设实施

本节结合专业建设实践，分析高等职业教育专业建设的有效实施途径之一，即针对专业建设进行调研、分层次规划专业建设、分阶段实施专业建设计划。论述专业建设调研的对象和目的，三个不同层次的专业建设规划的内涵以及专业建设计划三个实施阶段的建设任务。探讨以就业为导向、以服务为宗旨策略，以行业为依托策略，建立专业群策略，突出专业的特色、建设名牌专业策略，"双证书"策略等高等职业教育专业建设策略。为高职院校专业建设提供借鉴和帮助。

进入新世纪以来，我国的高等职业教育发展迅猛。为提高教学质量，办出高职特色，国家教育部等教育行政部门实施了"教学质量与教学改革工程""示范性高等职业院校建设计划"等一系列建设项目，大力加强高等职业教育教学基本建设。《教育部关于全面提高高等职业教育教学质量的若干意见》（教高〔2006〕16号）、《国家高等职业教育发展规划（2010—2015年）》等一系列文件的颁布实施，不仅为高等职业教育进行了正确定位，为高等职业教育的科学发展奠定了思想理论基础，而且为高等职业教育确定了发展目标、规划了发展道路、设计了发展方法和方式。在上述建设项目和颁布实施的文件中，专业建设作为高等职业教育内涵建设的重点，对其建设机制、建设原则、建设方向、建设体系、建设措施、建设标准以及建设数量等都提出了明确的目标，进行了详尽的规划。各高职院校也以专业建设为核心，全面推动教学基本建设，推动高职院校建设，从而推动高等职业教育科学发展。专业建设已成为高职院校和高等职业教育可持续发展的根本所在。因此，研究高等职业教育专业建设实施是非常必要的。

一、针对专业建设进行调研

高职院校在设置新专业、改革老专业、进行专业结构调整时，需要考虑诸多因素。既要考虑学校现状与发展，又要考虑市场需求与社会需要，还要考虑办学效益。即综合考虑，量力而行。因此，实施专业建设时，必须进行针对性调研，明确专业建设的思路、目标，把握建设的重点、难点和内容，找准切入点和突破口，为专业建设的规划与实施奠定坚实基础。

（一）调研学校自身办学与专业建设状态

首先，调研学校办学定位、事业发展规划、人才培养目标、现有办学条件和资源等，掌握学校未来发展对专业门类、专业数量与专业规模的要求以及为专业建设提供的发展空间。其次，调研学校现有专业资源和专业建设基础，掌握学校的专业质量、特色、规模效益等专业优势所在，掌握学校的专业发展规律和人才培养规律，掌握学校在人才培养方案、人才培养途径和模式、课程建设、师资队伍、教育技术与教学方法、教学管理与质量保障机制、实践教学基地与教学条件、社会服务和对外交流、专业文化建设等方面的积淀优势以及存在的劣势。做到扬长避短，提高专业建设水平和办学效益。

（二）调研社会经济发展需求

首先，调研行业企业、本地区、国家产业结构和产业结构调整计划，调研国家经济、科技和社会发展规划等，掌握其职业岗位、岗位群及其发展对专业人才的需求。其次，调研掌握专业生源状况与就业需求。把握好机遇，将专业办在社会需求的热点上，在激烈竞争中占得先机，开拓专业建设和学校发展空间。

（三）调研同类院校办学与专业建设状态

调研掌握同类院校办学状态、专业建设状态及其发展趋势，树立"人无我有，人有我优，人优我新，人新我特，与众不同，出类拔萃"专业建设思想，突出专业特色，避免恶性竞争，占据有利发展位置，提升办学竞争力。

二、分层次规划专业建设

在调研的基础上，组织学校相关教师和专家、行业企业技术人员和专家、教育行政部门专家以及政府产业、科技、经济等发展规划部门专家等，分析、论证、科学规划学校的专业建设。

学校的专业建设应分为以下三个层次进行规划：

（1）专业建设发展规划；

（2）专业群建设计划；

（3）专业建设计划。

三个层次的规划,以专业建设发展规划为引领,专业建设计划为重点,相互支撑、相辅相成、不可偏废。

(一)制订学校专业建设发展规划

学校的专业建设发展规划主要包含四个方面的内容。

(1)明确专业建设指导思想,为专业建设定位。例如,某院专业建设的基本指导思想是:坚持立足国防,面向陕西,辐射全国,服务地方社会经济建设;以专业建设为主导,以专业团队建设为核心,以提高科研层次、服务国防工业和地方经济为目标;树立争优意识、特色意识,促进专业建设上水平,人才培养上质量,使学院成为专业建设在全国同类院校中具有领先优势、特色鲜明的示范建设院校。

(2)对专业建设的方法、方式、模式、技术路线、实施手段等进行规划和设计,为专业建设提供技术指导。例如,笔者所在学院在"十二五"专业建设发展规划中提出:深化校企合作体制机制建设,坚持以服务为宗旨,以就业为导向,走产学结合道路,加大校企合作力度、深度;不断改革长线专业,增设市场紧缺专业;设置新专业要进行充分的市场调研和论证,制订完备的新专业实施计划、人才培养方案等文件,新专业必须是社会需求高速增长的兴奋点;老专业改革必须以专业市场调研为基础,依据职业岗位任职要求,与行业企业联合开发人才培养方案、制订课程体系、组织课程内容;将职业知识和技能培养、获取职业资格证书纳入专业培养方案,为学生求职、任职、创业奠定坚实基础;吸纳行业企业参与专业人才培养过程与质量评价;建立专业建设定期检查与评审制度,健全质量保障体系,制订相应的激励措施,形成有效的竞争机制,并将就业水平、企业满意度作为衡量人才培养质量的核心指标,保障和全面提高人才培养质量,等等,为专业建设设计了具体的方法、方式、模式,规划了技术路线和实施路线。

(3)确定专业建设发展目标、预期效果,为专业建设导航。例如,笔者所在学院"十二五"期间,专业建设总体目标为:专业建设重点由外延发展转变为内涵发展,提高建设质量,通过对省级重点建设专业的积极扶持,形成品牌特色专业和其他专业协调发展的专业格局,专业数量与学院学生规模相适应,专业设置与人才培养质量更能满足社会经济需求。具体目标为:"十二五"期间,学院每年增设新专业 2 ~ 4 个,专业总数达到 50个左右;从人才培养的定位、目标、培养方案及模式、课程体系等方面对传统专业进行改革调整,在专业内涵建设上下功夫,充分体现学院的教学水平和专业整体实力。同时,对专业发展领域、专业群方向、专业布局、国家级、省部级、校级重点专业、示范专业以及特色专业等进行了详尽的数量、质量、时间等规划,也对"十二五"以后未来专业发展作出了进一步展望,为专业建设确定了奋斗目标。通过专业建设使得学院的人才培养质量显著提高,示范作用显著增强,社会服务能力显著提升,进一步凸显示范性高职院校的导向、示范、辐射作用。

（二）制订专业群建设计划

在学校专业建设发展规划的基础上，进一步制订各个专业群的建设计划。专业群建设计划的内容主要包含以下四点：

（1）确定专业群的专业领域范围与服务面向、专业构成（如专业数量、专业方向、专业特色、专业名称等）与专业规模、骨干专业与重点建设专业。

（2）确定专业群共享教学资源建设目标与进程。如教学设备设施、实践教学基地、师资队伍、课程与教材、质量标准等建设目标与进程。

（3）设计策划专业群人才培养方案与培养模式、课程开发方法与教育技术手段、教育教学管理与质量保障体系、校企合作方案、社会服务与对外交流机制等。

（4）明确资金投入额度计划。例如，笔者所在学院在国家骨干高职院校建设中，将以机械制造与自动化、精细化学品生产技术、应用电子技术、机电一体化技术等四个专业为重点，实施专业群建设。其中，以机械制造与自动化专业为重点建设的专业群，包含机械制造与自动化、数控技术、模具设计与制造、汽车制造与装配技术等专业。专业群建设将参照职业岗位任职要求制订人才培养方案，引入行业企业技术标准开发专业课程；推行任务驱动、项目导向的教学模式；建设师德高尚、素质优良、专兼结合、双师结构的师资队伍；扩建、改建或新建一批满足教学、生产及技术研发需要、机制灵活、资源共享、效益突出的校内生产性实训基地；创新工学结合人才培养模式，不断提高人才培养质量，将机械制造与自动化专业建成品牌专业，凸显办学特色，推动学院办学水平的整体提升。

（三）制订专业建设计划

在学校专业建设发展规划和专业群建设计划的框架内，针对新设置专业或老专业改造制订专业建设（改造）计划。专业建设（改造）计划的内容主要包括：相关调研论证报告、可行性报告、专业人才培养方案、课程教学大纲、专业设置标准；教学文件、师资队伍、实践教学条件、教育技术、课程体系、教学内容与教材、教学改革等的建设思路、建设目标、进度计划。

为了确保专业建设（改造）计划的先进性、科学性和可行性，应特别注意以下几点：

（1）以"培养面向生产、建设、服务和管理第一线需要的高技能人才""以就业为导向"为原则，以市场需求为依据，确定专业人才培养目标。

（2）根据专业人才培养目标，设计专业人才培养方案。对专业人才培养目标进行分解，具体到知识目标、技能目标、能力目标、素质目标等，根据这些具体的培养目标构建课程体系，确定本专业应开设的公共基础课程、专业一般课程、专业核心课程、专业拓展课程等，确定每门课程的内容体系和教学内容，进行课程之间的衔接设计。同时，将相关技术等级和职业资格培训融入专业人才培养方案。

（3）按照专业人才培养目标和课程教学目标选择人才培养模式、教学模式，改革教学方法。积极实施工学结合、订单培养、项目导向、顶岗实习等人才培养模式和教学模式，突出学生实践能力的培养，提高学生的职业能力。

（4）按照专业人才培养方案、模式和课程教学需要，设计和完善教学基本建设。师资队伍建设、教材建设、实践教学基地建设、教学管理制度建设等教学基本建设是专业建设的关键。建设"双师"结构、专兼结合的专业教学团队，与行业企业合作开发适应职业岗位（岗位群）任职要求、融合相关职业资格和技术等级标准的课程和教材，紧密联系行业企业进行实训、实习基地建设等是高等职业教育教学基本建设的核心。

三、分阶段实施专业建设计划

三个层次专业建设规划的实施应统筹安排、相互支撑、交叉进行，最终实现专业建设发展规划目标。专业群建设计划和专业建设发展规划的实施，为专业建设计划的实施及其建设目标的实现提供有力保障，而实施专业建设计划，完成专业建设计划目标，是实现专业群建设计划和专业建设发展规划目标的基础，应给予足够重视。

实施专业建设计划是一个长期的过程，可以分为三个阶段进行，每个阶段的建设任务各有侧重。

（1）专业开发阶段。主要任务是调研论证，确定专业方向和专业人才培养目标，拟订专业开发方案，提供调研论证报告、可行性报告、制订专业人才培养方案、课程教学大纲和专业建设标准等文件资料，完成设置新专业（或专业改造）的审定与审批工作。

（2）专业基础建设与强化建设阶段。这一阶段跨越新专业开办（或专业改造）前后，至少要持续一个专业人才培养方案实施周期，甚至更长的时间。其主要任务是根据专业开发（或专业改造）方案的规定，制订专业建设实施方案，落实专业建设进程，统筹、整合教学资源，完善专业教学、管理、评价等相关文件制度，开办及实施新专业（或专业改造）培养方案，完善强化专业基础建设，保证人才培养水平。本阶段以教学文件建设、教师队伍建设、校内外实践教学条件建设、现代教育技术建设、课程体系与教学内容建设、教材建设、教学模式与方法建设等为核心。

（3）专业稳定发展阶段。这是一个长期持续的过程，是专业建设永恒的主旋律，既包含新开设专业的完善，也包括老专业的调整改造。这个过程要始终坚持以就业为导向，深化专业改革，强化专业内涵建设，积极探索人才培养途径和模式，提高人才培养质量，以满足经济社会不断发展对人才的需求。

四、采取科学有效的专业建设策略

"高等职业教育作为高等教育发展中的一个类型，肩负着培养面向生产、建设、服务和管理第一线需要的高技能人才的使命。"因此，只有采取科学有效的、具有高等职业教育特点的专业建设策略实施专业建设，才能收到事半功倍的效果。

（1）"以就业为导向，以服务为宗旨"策略。针对行业企业、区域经济和社会发展需求，主动调整和设置专业，创造条件开设紧缺人才专业，实现专业设置与市场需求接轨，服务于社会，增加学生的就业机会。

（2）以行业为依托策略。依托行业企业，组建职教集团，实施深层次产学研结合、校企合作，深入开展工学结合、订单培养、顶岗实习等，实现专业建设、招生、培养、就业良性循环。

（3）建立专业群策略。利用学校已有专业资源和办学条件，结合市场需求，以重点专业为龙头、相关专业为支撑建设专业群，提高办学效益。

（4）突出专业的特色，建设名牌专业策略。以"人无我有，人有我优，人优我新，人新我特，与众不同，出类拔萃"为原则，实现专业的独有性、独特性和不可替代性，建设名牌专业，避免竞争和提高竞争能力。

（5）"双证书"策略。以取得学历证书、技术等级或职业资格证书等双证书为目标，引入国家职业标准和行业企业技术标准，制订人才培养方案，改革人才培养模式，构建课程体系，开发专业课程，实施专业基本建设。完善"双证书"教学与考核机制体制，以融学历教育与职业能力培养于一体为前提，着重加强学生职业能力的培养。鼓励"多证书"，争取更多的就业机会。总之，要树立就业导向、服务宗旨、办学效益等专业建设思想理念，努力实现规模、质量、效益协调发展。

对于高职院校而言，专业是连接学校与社会的纽带，是学生就业的桥梁，是校企合作的抓手，是学校服务于社会的基础。只有采取科学的具有高等职业教育特点的专业建设策略，坚持走专业建设调研、分层次规划专业建设、分阶段实施专业建设计划的专业建设实施途径，才能不断提升专业建设水平，彰显高等职业教育特色，保证人才培养质量，提高办学社会效益，促进学校可持续发展；才能推动高等职业教育科学发展，提升高等职业教育的竞争力；才能培养大量科技、经济和社会发展需要的高素质技能型专门人才，在建设人力资源强国和高等教育强国的伟大进程中起到不可替代的作用。

第三节　产业集群与高等职业教育学院建设

特色专业学院是满足产业结构转型升级，培养符合企业技术创新需要的发展型、复合型和创新型技术技能人才的重要组织创新形式。本节基于产业集群理论视角，从产业链选择、组织管理创新、人才培养模式改革、课程体系重构、实践教学体系构建和师资团队建设等方面探讨高等职业教育与产业集群对接的策略，为高职院校专业优化调整提供建议。

高等职业教育的属性特征决定了高职院校的专业建设与地方经济水平、产业结构和产业发展密切相关。产业结构的优化与升级，必然会引起劳动力结构和技术结构等一系列的变化，这就要求高职院校在组织管理模式、专业结构、人才培养、课程体系、实践教学和师资团队等方面及时作出调整，形成与之相适应的体制机制。职业教育改革至今，办学机制僵化、专业结构不合理和以简单就业为导向的高职院校体制机制已经成为区域经济发展与产业转型升级必须跨越的难题。通过建设特色专业学院，既能发挥高职院校特色品牌专业优势，又能借助产业集群的资源优势，促进产教深度融合，实现产业资源和教育资源的效用最大化，提高人才培养质量和产业服务能力。因此，需要结合高职院校的办学性质，厘清特色专业学院建设与产业集群的内在关系，探索特色专业学院建设策略，为高职院校专业的设置和调整提供理论和实践的决策支持。

一、特色专业学院建设的内涵

高等职业教育服务区域经济社会发展，为区域产业结构调整和转型升级提供人才供给，这是由其本质属性所决定的。高等职业教育要为区域产业发展提供高素质技术技能型人才，其专业建设必然需要与地方产业集群发展相联结，突出专业"特色"，提升专业服务能力和影响力。从产业集群理论的角度来看，不同集群的企业对工作岗位所要求的知识、技能和能力都存在很大差别，而高职教育要获得产业集聚带来的资源优势，其专业群设置必然要求以现有核心专业为基础，以地方支柱产业的职业岗位群为依据，根据对接产业的发展规模和人才需求规格来动态调整和优化专业结构，增强相关专业之间的融合度，促进专业品牌的提升和可持续发展。

特色专业学院是指高职院校中拥有与区域支柱产业发展相适应的专业或专业群的学校二级教学单位（学院或系），其专业或专业群能够充分体现学校的办学定位，并具有较高的办学水平、较好的社会效益和鲜明的办学特色。根据广州市特色专业学院建设实践经验，一般是通过"特色专业—特色专业群—特色专业学院"的过程来建设特色专业学院。这一过程表现为一个包含三个阶段的由低层次向高层次发展的演变过程。第一阶段：特色专业，是高职院校具有独特优势和资源沉淀，与区域经济社会发展高度契合的专业，具有独特性、不可替代性、稳定性和支撑性等特征。特色专业通过对接地方优势产业，得到行业、企业的积极参与，在与产业界合作过程中获得物资、人力和信息等资源，推动专业不断健康发展。由此，特色专业建设是通过密集的产业互动得以实现的，是职业教育与产业发展的融合。第二阶段：特色专业群，是高职院校按照与区域产业相近职业岗位群相对接的原则，根据专业群"集聚性、专业性、融合性"的内在要求，由一个或多个优势专业及其相关专业组成的专业集群。特色专业群通过对接地方产业集群，以产业集群为导向，获得产业集群带来的集聚、协同和共生效应，从而使性质相近且互为依存的专业聚合成群。第三阶段：特色专业学院，是在现有高职院校办学体制下，依托长期办学过程中积累的办学优势，结合办学特色，构建基于校企合作的专业群建设长效机制，具有资源集聚和柔性化教学组织管理的二级教学单位。特色专业学院通过对接地方产业链和职业岗位群，与职业领域的工作要素产生直接联系，发挥品牌专业的引领作用，实现专业间的优势互补和资源共享，创新有利于高职院校、行业、企业等多方利益相关者协同发展的管理机制体制，提高人才培养质量。

当一个高职院校专业或专业群定位于某一地方产业集群时，专业或专业群与集群企业发生的交互、合作和博弈关系可能会影响特色专业学院建设的内在形成机制。地方产业集群会对专业或专业群的人才培养目标、人才培养规格、人才培养模式以及人才培养质量评价产生影响，这将要求高职院校须主动根据集群产业要求创新校企合作机制，以企业职业教育意识与能力评价为核心来选择核心企业，重构课程体系和实践教学体系，建设"双师型"教学团队，建设开放共享型实训基地，建设具有行业指向性和职业选定性的特色校园文化。

二、特色专业学院的理论依据

产业集群作为我国区域经济发展的主要组织形式，对提高区域产业竞争力，增强企业对日益复杂的经营环境的适应能力显得日趋重要。产业集群理论是经济学领域中针对产业集群或企业集群的研究，一般认为，产业集群是由一组性质相近、地缘接近和互为依存的相关企业或经济个体在一定区域内形成的产业链，基于资源集聚的比较优势而带来的集聚效应、效率效应、协同效应、规模效应和扩散效应，促进企业创新与发展，其目的是获得绝对的竞争优势和经济利益的最大化。

产业集群理论是特色专业学院建设的理论依据，对专业群的形成机制、共享机制、校企合作机制和管理机制等方面均有重要的指导作用。高等职业教育作为高等教育的一种类型，主要培养社会生产服务一线发展的复合型、创新型技术技能人才，与区域经济发展联系最为紧密，区域产业发展特点和需求往往最先反映在这一教育类型上。根据高等职业教育的"高等性""职业性"和"教育性"的性质，按照区域产业集群发展对技术技能型人才的层次、结构、规模、质量等方面的要求进行人才培养是高等职业教育办学的主要目的，能够为区域产业集群经济的发展提供强有力的人力支持。产业集群的发展要求高职院校的人才培养以区域产业发展为导向，专业设置与集群产业结构、特点和人才需求规格相耦合，专业结构与产业结构相匹配，并建立专业动态调整机制，以适应产业转型升级。

三、基于产业集群的特色专业学院建设策略

（一）适应产业集群发展，建立区域经济特色专业群

作为一种组织形态，专业群是构成特色专业学院内部组织的基础，基于区域产业集群和"职业联系"是特色专业学院的外部生态。特色专业学院建设的关键，是依据产业集群和职业岗位群特性，以产业集群对高素质技术技能型人才的需求为导向，构建由多个内部性质相近、技术基础相同、资源优势互补的骨干专业或相关专业组成的专业集群。特色专业学院建设立足产业集群发展，充分体现学院的专业特色，坚持"共同发展、合作共赢"的原则，通过校企合作机制创新、人才培养模式创新、课程体系构建创新、实践教学体系

创新、师资队伍建设创新和教学管理创新等措施来保障办学目标的实现。

对特色专业学院而言，其内在专业群的建设主要包括两个具体层面：一是核心专业的确定，核心专业是围绕行业产业经济发展，面向特定的产业集群，在同类学校处于一流地位或领先地位的龙头专业，对群内相关专业具有强大的引领辐射作用，推动专业群的整体发展，充分体现特色专业学院的办学优势。二是群内相关专业的选择，群内专业具有优势互补作用，有共同的专业基础，在基础教学、基本技能培训、师资资源与实训资源等方面都能进行协同共享，促进专业间的合作与发展，体现一定的专业特色，提升专业群的建设水平。

（二）创新组织管理模式，建立"双主体"校企合作办学机制

根据区域产业集群范畴、优势企业需求，按照产业链和职业岗位群的人才培养要求，由政府、学校、行业、企业、研究机构共同组建特色专业学院理事会，通过明确参与各方的角色定位，充分发挥相关利益主体在政策支持、职业教育、产业资源、行业培训和技术开发等方面的优势，促进各方办学资源整合和有机融合，实现资源共享、优势互补、人才共育、责任共担、利益共享和共同发展的组织管理模式。特色专业学院理事会实行理事长负责制，理事长由行业企业领军人物担任，负责学院的发展规划和专业结构的优化调整，从管理上改变以学校为主导的传统组织架构。

按照《国务院办公厅关于深化产教融合的若干意见》要求，要构建教育和产业统筹发展融合发展的格局，强化企业重要主体作用，深化"引企入教"改革。因此，构建以企业为主导的"双主体"校企合作办学机制是推进产教协同育人的必然要求。校企双方根据区域产业人才需求层次、结构和规格等要素，共同订人才培养方案、教学标准、课程标准、师资标准和评价标准等，改革传统以学校为主导的人才培养模式，由企业主动承担专业技术教育，使企业工作场所成为学生实训基地，企业师傅成为学生实训指导教师，实现企业工作过程到学校教学过程的精准对接，提高人才培养的产业适应性和针对性。

（三）创新人才培养模式，构建基于职业岗位任职要求的课程体系

特色专业学院强调专业群与产业集群的融合、专业与专业之间的融合，要求以专业群对接的区域产业集群为基础，以职业岗位职业核心能力为导向，以校企合作为纽带，从岗位职业能力分析入手，结合学生成长规律认知规律，注重学历教育与在岗培训相融合的工作思路来进行人才培养模式创新。根据工作岗位、工作能力、工作任务、工作过程等对人才培养知识、能力、素质等方面的要求，在兼顾学生个人发展需要的前提下，校企双方共同制订科学、规范的人才培养方案，确定与工作岗位相匹配的教学内容和教学形式，改革教学质量评价标准和学生考核办法，将企业评价纳入学生学业评价标准，适应工学交替和岗位成才的需求。

特色专业学院人才培养模式的改革，要求重新建构原有单一性专业的课程体系，按照工作岗位职业标准来设计专业群课程体系，按照职业岗位群的工作任务、工作内容开发专

业课程，以培养基本素质与能力、专业群职业通用能力、职业岗位能力和个性化发展能力为核心，形成以专业群为基础的"底层共享，中层分立，高层互选"课程体系。在人才培养目标的指导下，由职教专家、企业与学校、教师与师傅共同研发职业岗位任务与能力标准，按照"企业用人需求与岗位资格标准"来设置课程教学标准；由课程专家、企业技术骨干和学校专业教师共同合作开发基于工作过程系统化的项目课程，形成学习训练内容与工作过程相一致、与工作任务相符合的专业课程模块，实现人才培养的知识目标、能力目标和素质目标。

（四）创新教学理念，建立开放共享的实践教学体系

特色专业学院具有集聚性、专业性和融合性等特征，专业之间有着共同的技术基础，其实践教学有别于原来的单一性专业教育，需要将分散、杂乱和效率低的实践教学元素进行创新整合，引入产业和企业资源，改变传统专业实践教学体系的封闭状态。在产业集群背景下的实践教学，通过构建校企一体化技术平台对专业群内各专业的实训场所、实训设施设备和实训师资等要素进行重新整合，形成系统完整的专业群实践教学体系，最终实现实践教学资源的共建、共享和共用，提高专业群实践教学资源的使用效率和社会效益。

对接区域发展产业，构建开放共享的实践教学体系，实现"实训基地企业化"和"实践教学生产化"。通过建立市场机制，按照政府购买服务，学校提供场地，企业运营管理的模式，引入真实的企业项目，将企业部分生产和产品孵化功能安排在校内生产性实训基地，使特色专业学院成为相关企业的研发中心，反映新技术发展趋势，构建开放共享的实践教学体系既能完成专业的实训教学任务，又能解决企业生产实践中迫切需要解决的技术难题。基于区域产业集群建立动态的实践教学体系调整机制，主动适应产业升级和市场需求的变化，对实训内容和实训环节进行相应调整。特色专业学院围绕专业群所对应的产业集群，以岗位群工作要素形成的职业联系，按照企业与教学联系的密切度和适合度，对校外实训基地进行建设和分类管理，建立双方长效合作机制，满足专业群内每个专业的核心能力培养，提高人才培养的产业契合度。

（五）创新培养机制，建设高素质的"双师"教学团队

"双师"教学团队建设是提高特色专业学院教学质量的重要举措，因此，加强"双师"教学团队建设不仅是教师队伍建设的重要一环，也是特色专业学院建设的重要组成部分，是推动专业人才培养持续发展的关键。通过成立教师发展中心，从对教师太多的监督、检查、要求转向更多的辅导、支持和帮助，使教师适时跟踪国内外行业新技术，开展生产技术工艺与行业规范交流，拓宽专业视野，鼓励教师考取相应执业资格证书，提高专任教师的综合职业素养与实践教学能力。在优质企业建立流动工作站，分期、分批组织教师到工作站挂职锻炼，并组建校内专任教师与企业技术业务骨干团队，合作解决企业生产经营问题，主动服务企业发展，实现专业教师在社会实践中提升服务能力。

通过引进、培养和提高，逐步实现特色专业学院专任教师师傅化，企业师傅教师化，

实现产教融合、科研合作，促进产学的有机融合，不断完善和提升教学团队的能力和水平。校企双方共同制订学校与企业技术骨干双向流动、互聘共用的激励制度和考核制度，逐步形成校企人才互聘互用的用人机制。重点培养企业兼职教师，设置严格的遴选机制，从优质企业中选聘具有较高社会知名度的技术骨干和能工巧匠，成为特色专业学院兼职教师库成员，由校企共同培养和管理受聘人员，学校为企业兼职教师提供培训机会并给予经费支持，通过参加教学方法、教学手段等培训，参与企业现场教学，承担实践教学任务等方法，提升企业兼职教师的教育教学水平。

总之，以服务区域优势产业集群为目标的特色专业学院建设，主要强化特色培育，发挥专业群的集聚效应，形成面向区域产业结构的专业定位和办学特色。特色专业学院实质上是高等职业教育应对未来挑战，适应社会发展需求的一种组织管理机制体制的创新。特色专业学院强调专业群和产业集群的融合，通过破除与其他利益主体间的壁垒，积极引入政府、行业组织、核心企业等多方利益主体，创新"政行校企"多方协同机制，改革传统人才培养模式，建立教育资源与社会资源共建共享机制，形成属于自己的区位集群办学优势，更好地满足区域经济社会发展和产业结构转型升级对高级技术技能型人才的需求。

第四节 高等职业教育的专业群建设

专业群建设是一个实践范畴，但忙碌且混乱的活动似乎预示着理论上的认识模糊或缺乏有效的科学依据。在教育理论、经济管理理论的指导下，结合一定的实践，试图摸清这一教育教学社会实践的理论线索或科学依据，以期在指导专业群建设深入开展的同时，提供特定的启示。

专业群建设是高等职业教育发展的重要战略，受到了教育行政管理部门和高等职业院校的高度重视。但在相关专业的"相关性"上缺乏科学统一的认识，对专业群建设与高职院校办学效率和质量的关系上，也缺乏运营管理层面的深刻认识，本节试图透过具体的实践个案，以教育学、经济学和管理学综合交叉的理性思考来解读专业群建设中的相关概念，并通过分析、扩展甚至批判性的思维进行理论探索，尝试解答上述问题认识上的不清，并面向高职院校决策者提出创新性策略建议。

一、高等职业教育与专业

20世纪90年代中期至今，我国的高等职业教育经历了近20年的探索和发展，在办学规模和质量上虽然有了长足的进步，但还无法同传统的普通高等教育相提并论，更没出现人们期望的成为高等教育半壁江山的局面。同时，该类教育在满足社会经济发展需要方面，也有些力所不及。因此，如何进一步发展高等职业教育，人们进行了大量的社会实践和理论探索。在办学指导思想、办学机制、教育教学模式、课程设计与改革、教学方法改革方面，涌现出许多新的理念和方法，专业群建设的观念和实践是当前的一个热点话题。

从政府行政的角度看，高等职业教育被定性为高等教育的一个类型，说明它首先归属于高等教育范畴，不能简单地认为是中等职业教育的上一层级。这可以从以下境遇中窥得一斑，许多研究者在试图探讨中高职的衔接性和区别时陷入困境，通常发现高中职培养目标难以在事实上加以区分，相关办学专业也缺乏对应性和衔接性。这在事实上说明，中高职教育是两个并行不悖的职业教育形态，高职教育更多地承袭了高等教育的属性，专业设置就是两者最核心的交集。

通常人们习惯把高等教育的学术性和职业性严格对立起来，形成非此即彼的认知格局。本节认为，学术性和职业性是一个统一的连续体，一端是 100% 的学术性，另一端是 100% 的职业性，其间是两者不同比例的混合体。现实地看，也许有纯粹的高等学术教育和纯粹的高等职业教育，但我们可观察到更多的是两者的混合，学术和职业各自组分的比例则依培养目标和专业领域范围而调定。隐含的假设是，刻画高等教育混合体的维度应该是多样的，包括学科分类、工程技术分类、产业分类和职业分类等。职业资格研究方法分类的学科系统化原则、工作过程系统化原则、符合学科逻辑结构、符合人的发展规律四个维度也从另一个侧面说明了这一点。

从实践的角度看，1996 年前后开始试点的高等职业教育都发端于传统的专科院校，包括成人和师范院校。办学专业基本承袭了高等院校本科教育的范式，只是选择的领域与新兴的产业密切相关或者表现为两个以上专业领域交叉融合的复合性。所以才有后来关注突破基础课、专业基础课、专业课"老三段"模式和期末考试模式的教研教改议题。但仔细考察本科专业的产生会让我们对高职专业认识得更透彻。1952 年开始的我国高等教育院系调整，使我们的高等院校形成了同国民经济建设格局相对应的理、工、农、林、医、师、水、煤、电、地专业院校格局，院校内的基本办学管理单位系部和基本办学实施单位"专业"，也都是按照计划管理的国民经济生产建设工作展开的，甚至不乏将外语、数学等基础教学部门拆散，相关教师分派到各个专业系部的范例。此后的政治影响一直推动专业向生产实践领域的滑动，直到 20 世纪 90 年代，教育体制改革及其学科建设导向，部分停止或反转了这种发展倾向。但改革开放和经济社会的飞速发展却对应用型人才提出了新的要求，经济社会需要与产业和职业直接相关的实用型人才，催生出高等职业教育新类型。回顾这一发展历程，不难看出，伴随社会主义建设初期和计划经济历史阶段，专业在我国高等教育中始终围绕经济建设和工程技术领域展开，学术性较弱，部分文理科专业甚至受到人为的抑制。因此，高等职业教育在 20 世纪 90 年代中后期起步阶段没来得及有所创新，就承袭了原来高等教育的专业设置模式，并没有在实施过程中遇到多大的困难。在专业目录的分类上尽管采用了按产业类别划分的方式，但明眼人可以看出，在传统的工农业和工程技术领域，有相当程度的相同性或相似性，这也从一个侧面印证了传统高等教育与新兴的高等职业教育在专业设置上的承袭关系。专业是高等教育有时也包括中等专业教育为满足国民经济某个部门人才需要制订和实施培养计划的一个工作单元，简单地讲，就是一个具体的专门人才培养计划。它由三组性质不同的课程构成，直接对应工作岗位需要的专业课，为了学习专业课而必备的专门科学技术理论知识构成专业基础课以及政策环境要求的和通识性科学理论方面的基础课。计划的顺序刚好反过来，在每组课程实施完成后，还分别设有认识实习（通常包括金工实习）、生产实习和毕业实习。这是一个严谨高效的培养过程，在中华人民共和国成立初时期的社会主义初级阶段建设时期，抛开政治运动影响，可以说卓有成效，为国民经济建设的方方面面提供了适用的工程技术人才，甚至在改革开放这二三十年里也起到了巨大的支撑作用。顺便说一句，这种专业设置不出钱学森期望的学界大师似乎也顺理成章。在高等职业教育起步的 20 世纪 90 年代，这样的本科专业已开始向学科建设方向发展，高等学术教育和高等职业教育开始出现分化。

在高等职业教育领域被广泛接受的定义认为，专业是高等学校或职业学校根据某职业岗位对劳动者的素质和技术要求，依据教育基本规律以及终身教育的基本理论而组建的课程群。专业可以根据学科层次、三次产业和国民经济行业分类标准进行分类。

据此，我们可以看出，高等职业教育中专业的概念有以下共识性的特点：

第一，专业是一个院校内具体的教育教学计划，包含了一组内容和顺序相对固定的课程；

第二，课程内容与特定的劳动岗位直接相关，应能满足特定需要的劳动者素质和技术要求，排布顺序体现了教育教学规律；

第三，专业主要具备学科和产业（行业）两大属性。

完整专业计划的实施（教授），不仅能满足现实的工作岗位要求，也兼顾了长远的个人成长和职业发展。可以看出，专业最突出的特点是在两三年的较长周期里，其自身相对固化的范式和所面对需求的不断变化，包括经济社会发展和科学技术带来的变化和学习者本身个性差异和预期的变化。这必然导致专业发展的困境，能够得到的教学资源以及运营效率和教学质量都缺乏有效的保障，于是，试图有效整合资源产生协同效应的专业群概念出现了。

二、高等职业教育的专业群及其相关性

几乎没有争议，人们约定俗成地认为，专业群是高等职业教育范畴内的特定概念。一般认为，所谓专业群是以一个或多个办学实力强、就业率高的重点建设专业为核心专业，若干个工程对象相同、技术领域相近或专业学科基础相近的相关专业组成的一个集合（见百度百科词条）。

综观其他研究的观点，也有相近的表述。特别是《国家示范校建设方案》中的相关政策，得到了师生的广泛引用和认同，可以视为有关专业群概念的共识。这种共识表明，专业群是一组某些教学特性相近的相关专业，有一个或不止一个高品质的核心专业。其高品

质主要指办学实力和学生就业两方面的外在表现，市场性的说法就是办学方的供应能力和满足就业市场需求的程度。在这种概念引导下，专业群的特征被具象描绘为：

第一，专业群内的专业往往是围绕某一行业设置形成的一类专业。各专业具有相同的工程对象和相近的技术领域，反映在教学上就是各专业可以在一个体系中完成实训任务，在实验实训设施、设备上也必然有大量的设备是共用的，有相当一部分实验实训项目是共同的，这对高职学校实训基地建设有着重要的意义。第二，专业群内的专业是学校长期办学过程中，依托某一学科基础较强的专业逐步发展形成的一类专业，各专业具有相同的学科基础。因此必然有相同的专业理论基础课程，相应地，师资队伍必然有很大一部分是共同的，必然形成师资队伍专业团队，形成某类专业建设良好的师资队伍条件。

可以这样说，把专业群的核心界定在专业层面上过于宏观，限制了我们对群内专业相关性的具体研讨。从人们对专业群特征和专业群建设作用的认识上看，这种相关性首先是教学特性层面的，如广受重视的实训环节，但这不是唯一的教学环节。全面而言，教学特性体现在一个完整的课程里，包括教学目标、教学内容、教学内容的组织、教学方法、教学条件如教材、信息资源、设施设备、消耗材料等各个方面以及最关键的要素——教师。

为了准确地体现专业群的相关性，应该把专业群的核心微观到"课程—教师"构成的复合体，即物化的课和人的集合，表现为能开发和施教某门课程的教师，和需要某位知识能力特定的教师来开发施教的课程两个方面，但不能把它们分割开。现实中也是如此，每位教师都是某门课程的主体，每门课程都需要专门的教师。孤立的课程不能施教，孤立的教师体现不出价值。"课程—教师"的概念是在原有课程概念的基础上，加入可以施教或开发本课程的教师，可以简称为"课师"。我们可以这样定义，课师是教学目标、教学内容、教学方法、教学条件和教学师资的集合，有物的因素和人的因素。

专业群就是在主要"课师"方面高度共享的一组专业。这组专业外在表现为一定的现实相关性，如经济领域（产业）上、工程技术上、职业岗位上、学科基础上等，并有一定的重点专业。

课师共享表现为三个维度：其一，完全一致的课师。其教学目标设定的知识能力结构符合两个或更多相关但不同的专业培养目标。其二，相同的教师要求和相近的课程要素。课程的教学内容和教学目标在程度上有所调整以适应不同的专业培养要求，如有专业纵深的课程调整整合为通识性的概论课程（会计、理财等整合为财务管理）或者把总论性课程解构为具体的操作性课程（市场营销导出广告原理与实务）。其三，相同的教师要求和不同但相关的课程要素。以知识能力结构相同的教师承担目标内容不同的课程教学，但支撑课程内容的知识能力和技能方法是相通的，也就是说，同类教师知识能力的另一个表达方面，不需要教师的再移植和再培训，只是原有知识能力的迁移和转化。

在此基础上，我们可以对专业群建设展开微观的解剖。

三、专业群建设的微观剖析

为了研究方便，专业可简约表达为一组课程，没有考虑教师因素。专业群是一组以主要课师为接点的相关专业。专业群类似于成组技术中的产品（专业）组合。成组技术（GT-group technology）是揭示和利用事物间的相似性，按照一定的准则分类成组，同组事物能够采用同一方法进行处理，以便提高效益的技术。成组技术的关键是分类准则，对专业群而言，采用不同的划分依据，找出群组内专业间的相似性或相关性，将提供有效的专业群建设方向。

已有的文献多集中于产业集群或产业链，从工作岗位对位的角度探讨专业群建设。研究表明，专业培养目标与工作岗位对位是高职教育的前提条件，专业群的划分依据还包括职业、学科等多条线索，如产业（行业）背景、职业岗位划分、学科知识体系、市场创新途径等多个层面和多重特性，实践表明，各个线索展开的专业群建设都取得了可观的成效。

在专业群划分依据上使用产业（行业）这个复合概念，是对可提供就业机会的全部经济组织的一个分类视角，既类似于国际通行的产业分类标准，又兼顾了就业机会的劳动性质。大类上依据特性分为生产、建设和服务三大类。在产业（行业）的生产领域，不论是传统的工业农业生产，还是现代装备制造、药品、食品和生物制品、信息产品生产，依据技术领域进行专业群划分得到最普遍的认同，甚至被视为唯一的划分依据。某省食品职业技术学院依托食品产业，涵盖产业链中原辅材料生产、加工、质量控制、贮运与营销以及烹饪等主要环节建设专业及专业群，其"围绕食品产业链，做强优势专业群的特色积淀与实践创新项目"获省级高等教育教学改革成果特等奖。同时，我们注意到这类产业（行业）背景明确的高职院校更多获得了国省级示范性高职院校建设单位。这从一个侧面说明，人们对产业（行业）背景划分依据的高度认同以及由此产生的较为显著的专业群建设效益。类似地，在建设（建造）领域，依工程对象划分专业群并建设的也很普遍，工民建筑、市政建设、船舶修造等领域都有范例。服务领域的旅游、酒店、餐饮等也是依据工程对象，但也有技术领域的痕迹，这主要是因为，传统上人们不认为顾客服务是一个"纯技术"领域。龙头企业可视为产业背景依据下的分量，依托龙头企业建设专业群，具有鲜明的产业特色，其实质是产业（行业）背景的具体化。

专业群建设的一个重要维度就是围绕标准的职业分类穿越不同产业来展开的，如汽车、不动产和工业品等不同产业的营销销售专业组群开发，有些专业如企业管理、会计、人力资源等本身就具有群组性。经典的科学管理体系确立了以分工协作为基础的现代产业模式，人们按照工作性质为划分依据来招聘、选拔、培养和雇用。职业岗位既是现代经济社会的产物，也是现代职业教育的落脚点。职业岗位同产业（行业）背景构造了高职教育专业群主立面的两个刻画维度，基本能够描绘出所有的办学专业。但与之不协调的是政府教育部门实施的专业目录管理体系只用一个维度，对专业群的建设与发展存在一定的制约性。

学科知识。高等职业教育似乎避讳学科知识这个字眼，但我们不能否认知识与能力，特别是现代科技高度发达的经济社会各个领域工作能力与科技知识的密切关联，而且学校里即使是岗位技能的培养也首先通过知识传授来实现。透视由产业和职业两维构成的专业划分立面，我们总能找到学科知识的线索或联系，甚至一些专业本身就是从学科知识维度衍生出来的。如机械制造、电子信息、经济管理等领域的专业群，这不奇怪，因为过去一百年的产业创新模式主要是由科技原理和发明到产品（服务）实现的，到市场开发和大量生产的一个依靠人类智慧进步推动的过程，所以产业经济所产生的就业岗位需求带有明显的学科知识痕迹。形象地说，就是前面讨论的产业——职业立面不是一个平面或有全部纵向维度的立体，而是一个在不同区域和交叉点上有第三维凹凸的曲面，这个第三维度就是学科知识线索。它既是产业发展模式的客观结果，也是职业教育规律的现实要求。学科知识支撑起高职教育职业的科学内核，也是传递职业技能的有效途径。关键教学设施是学科知识的分量。共享关键教学设施的内在联系可能是产业、职业、学科知识或三者兼而有之，这一点也揭示了专业群建设追求协同效应的物质资源层面。

市场创新。高等职业教育是大众化高等教育的重要组成部分，以培养生产、建设、管理、服务一线的高端能型专门人才为根本任务，在建设人力资源强国和高等教育强国的伟大进程中发挥着不可替代的作用，必须主动适应国家加快经济发展方式转变和产业优化升级的要求，坚持以服务为宗旨、以就业为导向、走产学研结合的发展道路。一句话，必须以满足经济社会就业市场的需求为核心目标。现行的学院办学体制和管理机制局限了专业的可调性和适应性，单一固化的专业培养模式在满足广泛多样和迅速变化的雇佣需求方面明显力不从心。高等职业教育办学方为了解决这一困局，往往以某个成熟专业或者说高品质专业为基础核心，瞄准需求中心并辐射其外围相邻的岗位需求，形成一系列拓宽就业面或应对岗位能力变化的专业群组。因为这种市场拉动的专业群建设方向是因应新兴需求、竞争环境等多方面考虑的结果，发展方向也呈现多样性和复合性，既有前面提到的产业、职业或学科依据的影子，也有现实难以界定但市场认可的因素。根据其表象，以一个重点专业为主，依照其培养能力的各个侧面展开深化发展的格局最为常见，两个不同领域专业复合的案例也有很多，但三个以上专业复合的情况几乎观察不到，这可能受制于基本的教育教学规律和客观需求。值得注意的一个现象是，一些被链接到特定专业群的专业，往往与学校的历史传统、客观条件甚至人文因素有关，虽然不具有明确的普遍规律性，却呈现出强大的市场竞争力，因此我们把这些因素统称为市场创新链接。这些因素通常是市场需求的某个侧面或未被充分满足的需求，通过更深更广的分析和把握经济社会发展的脉络，就能有效掌控这些利基型市场需求，是卓有成效的专业群建设发展维度。同时，这种市场创新维度对现行划类管理的教育体制和专业目录提出了更大的挑战，教育行政管理部门开设目录外专业设立程序只能是一种暂时的应对之策，就长远而言，应该有一套更加灵活的适应市场和竞争的制度安排。

从基本概念出发，我们认识到高等职业教育是专业化程度极高的高等教育，作为高等教育发展中的一个类型，根据我国现阶段经济社会发展水平与工业化进程，把高等职业教育的培养目标和规格定位为专科层次的高端技能型专门人才。高等职业教育在不主要依从科学知识分类体系的前提下，发挥各个专业内在所具有的产业、职业、学科、市场等多重关联线索，形成了专业群建设的现实发展策略。但其作为高职教育摆脱现实体制机制束缚的突破口是未被明示的。因此，笔者甚至预言，专业群建设具有阶段性的历史使命。随着职业教育和高等教育体制机制的创新和完善，教师专业发展的普遍展开，课师层面的教学运营管理模式的认同和实现，专业固化模式的高等教育将成为历史，更灵活的模块化培养方案成为趋势和可能。

专业群的概念和建设策略在高等职业教育领域尚无法达成共识，这恰恰反映出它的实践价值。我们反复强调，专业群是一个现实策略，意即专业群建设一定是高职院校及其内部办学单位面对实际问题和困境作出的决策和战略。可以肯定的一点是专业群建设是一个体制内的管理问题，策略、效率和质量是其优先考虑的决策变量。即使把专业群视为专业集群的观点也蕴含着对质量和效率的追求。把视角放大到更长的时间尺度和更大的范围尺度会发现，在现代产业经济发展的大背景和世界发达国家的职业教育和高等教育体系面前，我们面对着许多思想观念上的和体制机制上的束缚。专业群建设在一定程度上扭转了这种束缚的不利影响，使我国的高等职业教育在办学质量和效益上得到提升，高职院校的核心竞争力得到加强，但都不是根本性的突破。在这个认识基础上，我们期待从专业群建设的基础——课程和教师专业发展出发，在构建学校教学微观基础的同时，寻求、尝试和推进体制和机制的改革与创新，使职业的高等教育体系更加完善，使之成为我国高等教育体系最坚实的基础。

第五节　高等职业教育课程内涵建设

高等职业教育课程内涵建设就是要通过校企合作这个平台，实现学科课程与实训课程融合、理论教学与实践性教学融合、专业知识与人文素质培养融合，建立基于准职业人培养的新手、起步初学者、内行行动者和熟练专业人才的课程模块，实施以学生自主研究性学习的项目和任务教学模式；建立以评价职业能力以及课程健全程度和质量的课程评价体系；建立具有职业教育特色的课程管理体系，使高等职业教育的课程内涵得到持续改善。

高等职业教育作为高等教育的类型之一，其特征应集中体现在教学基本单位——课程开发建设上。职业教育的课程作为一种有目的、有标准的教学或学习活动，应具有不同于普通高等教育的课程设置、教学目标、教学环境、教学内容和评价方法。高等职业教育以培养职业能力为主线，遵循职业人的成长规律，要打破基础课、专业基础课以及专业课的界限，重组并构建高等职业教育课程体系。建立职业能力培养的新手课程模块、起步初学者课程模块、内行行动者课程模块和熟练专业人才课程模块。在这四个课程模块中，基础理论知识要以应用为目的，专业课程教学重点则是传受生产一线或工作现场所需的实用知识和先进技术，因此，其课程应针对地区、行业经济技术的发展水平和岗位职业群的需要，不断开发新的教学案例，增添新的教学内容，吸收新知识、新技术、新工艺和新方法，使其具有明显的岗位生产、学习训练、产品研发等行业特征。

一、高等职业教育的课程开发

　　普通高等教育的课程开发是解决如何简捷且系统地组织原理和概念等问题，而高等职业教育的课程开发是解决工作过程所需要的程序性知识如何构建的问题。因此，高等职业教育的课程开发是寻求与工作过程相同的情境、相似的工作内容和相通的考核评价机制。需要注意的是，高等职业教育课程开发并不是摒弃学科性课程，只是其内容组织的载体发生了变化，学科性知识是以专题形式存在于以项目或任务为载体的学习单元中的，就是将知识的序化编排契合学生的认知心理顺序和职业工作的行动顺序，实现有生命的"机体"对知识的构建。其最大的难点是实现学科课程与实训课程的相互融合、理论教学与实践性教学的相互融合、专业知识与人文素质培养的相互融合。在高等职业教育课程开发中如果做不到上述三个"融合"，就会导致职业教育课程体系的不完整，出现职业教育课程开发的迷茫和职业教育人才培养质量不高的结局。

　　高等职业教育的课程开发就是要建立基于新手、起步初学者、内行行动者和熟练专业人才等技能技术型人才成长阶段的课程模块，实现三个"融合"及建立以能力为核心的课程模块教学标准。高等职业教育课程标准建设，以学生行为转变为中心，以技能训练活动为基础，以校企联合施教为主体，以职业素质教育为主线，校企在统一的课程教学标准规范下，对学生开展人文素质、理论知识和工作应用技能教育三个方面的能力素质培养。在高等职业教育课程建设中，校企双方要基于专业教学标准中确定的人才培养规格，共同分析学生学习行为特点、劳动力市场需求和企业工作实际情况，从而确定课程学习行为目标、学习领域、学习任务设计、教学方法确定、考核与评价方案制订、教学条件的保障等内容，使课程教学标准成为规范教师教学、学生学习和质量评定的重要依据。课程标准建设的目的是围绕专业人才培养方案所确定的人才培养规格，对课程进行统一的组织、设计及实施。然而，从现有的关于课程标准的研究来看，更多的是专注于某一门课程的课程标准的制订，而忽略了该课程在整个专业人才培养中的作用。

二、高等职业教育的课程建设

　　目前，高等职业教育课程开发的难点是缺乏一支具有现代职业教育理念、实践经验丰富、了解课程开发流程的专业教学团队。因此，职业教育课程开发的第一步是做好现有课程的改革及建设。

　　课程建设要基于课程服务岗位和学生现状的分析，主要是对人力资源市场需求，职业现在与未来需求，学生基本素质与个性发展需求，中职与高职衔接、与普教的融通，本专业与相关专业的对比联系等因素的分析，在此基础上对课程教学内容进行设计，对课程考核评价标准进行制订，逐步建立与完善有利于学生自主学习的课程资源体系。一是文化基础课的建设。文化基础课是为专业课服务的，以够用为度，突出实用性为原则。教学内容要主题化，改变传统的按章节组织教学的模式，将教学内容按照主题重新组织，主题可以是问题、活动、案例、情境和服务，不同的文化基础课可以根据课程的性质选择不同的对象主题。二是专业课的建设。专业课依据某一专业领域某一岗位的知识、技能、情感和经验的要求，根据国家订的职业分类层次和基本类别，设计出多个任选的课程活动模块，由学生在教师的指导下根据自己的职业发展定位确定自己的课程学习模块内容，以拓展学生的专业发展方向。其建设的核心是强化技能培养，要努力创造条件，使学生在各种教学实习过程中轮换操作，熟悉基本的生产工艺过程，懂得各个实践环节的协调与衔接。因此，专业课建设的内容是：建立基于企业真实工作，从简单到复杂，从单一技能到综合技能，循环往复逐级提高的"项目化"或"任务型"的学习活动模块，并建立服务于学生自主学习与训练所需的课程资源。课程资源包括行业标准库、行业生产规程库、产品标准库、生产流程的媒体库、案例库和理论知识专题库等。

三、高等职业教育的课程实施

　　高等职业教育的课程实施，就是要建立基于培养学生情感、技能和知识的新型教学模式，实现学生职业情感固化为学生职业行为的课程学习目标和把静态的理论知识转化为解决实际工作问题的动态化的技术实践知识。现行的职业教育教学仍采用"先教后学再做"的模式，即教师先灌输理论知识，学生在学习之后再进行实践操作。导致学生在学习理论知识时，不知道为什么要学，学习这些知识用在什么地方。按照这种传统的教学模式，学生会认为，教师是在讲一些没用的东西，讲一些没趣的东西，从而对课程的学习失去兴趣，造成教学资源的极大浪费。要改变这种状况和实现职业教育课程教学目标，在教学过程中，首先让学生学会自己动手做，之后再让学生自主学习并深切体会。由于在教学过程中，学生先进行"项目"或"任务"性实践，再带着实践中出现的问题学习理论知识和技术实践知识，因此学生学习的积极性大大提高。而且对职业教育来说，技术实践知识对学生成为一个准职业人尤为重要，因此，高等职业教育的课程实施就要更加强调技术实践知识的学习与感悟。技术实践知识包括技术规则知识、技术情境知识和判断知识。技术规则知识是行业按照一定行动目的采取特种手段的行业技术行为规范性的知识，它包括技术的程序、方法和要求及个人实践经验等；技术情境知识是技术实践活动的一种实践背景知识，是关于技术实践活动对象、所使用的工具等职业活动情境中的要素以及这些要素之间关系的知识，是维护良好职业协作和建立团队所必备的条件。

总之，高等职业教育的课程实施一定是基于"校企合作、工学结合"这个平台的，以职业实践活动为载体，以学生自主学习训练为手段，培养学生的职业情感、职业技能和职业知识。

四、高等职业教育的课程评价

高等职业教育课程要保障其在不断的改革与创新发展中，逐步建立具有高等职业教育类型特色的课程体系，使课程质量得到持续提高的发展前景，就必须确立服务于专业人才培养目标和课程教学目标的课程评价体系。

各课程开发、建设及教学团队要基于课程的教学实践，研发出一套具有本课程特点的课程质量评价核心指标和标准，用于评价职业技术教育所培养的技术人才的职业能力以及职业技术教育课程的健全程度和质量。职业教育的课程评价应该由以下三部分组成：

一是具体评价。其指标：①课程教学活动设计与职业岗位的一致性，课程教学活动设计是否准确地反映了职业岗位实践，是否反映了最新职业岗位实践？是否反映了预期职业岗位实践，是否反映了最基本的行业观念。②课程知识学习与应用的一致性，课程活动设计是否要求学生运用所学知识，是否要求学生具体完成一项真实的实践任务。③课程技术训练与技术实际应用的一致性，课程的活动指导是否要求学生应用所学技术，是否说明使用某种技术或工具的原因，是否要求学生安装或检修某种设备，是否要求学生使用安全程序。④课程思维训练与实践工作的一致性，课程活动设计是否要求学生以新方式应用严密的数学逻辑，是否要求学生解决一些必须理解相关科学概念才能解决的问题，是否要求学生进行批判性思维，是否要求学生将技术观念应用于实际工作等。⑤课程标准与岗位业务质量标准的一致性，课程评价方案是否提供了多种行业业务范例，是否对优劣业务成绩进行对照，是否对具体质量标准和规范进行讨论。

二是整体评价。①行业标准及实践。课程活动设计应清楚地反映学习目标是建立在现行职业技术水平及实践基础之上的。②课程内容应源于现行职业实际。课程活动设计应致力于帮助学生了解未来工作岗位实际，所传授内容应与岗位需求相联系。课程训练项目应取材于实际职业岗位的真实活动。③职业综合能力评价。课程活动设计有利于培养学生高端职业场所所需的高级职业技能。诸如语言表达能力、数学逻辑能力、技术应用能力、对社会组织和技术系统理解能力、思考推断能力、资源利用能力及良好的个人素质。④对课程内容理解程度的评价。如学生对教学方法和所传授的内容是否感兴趣，是否允许学生按照自己喜爱的方式学习，是否要求学生对信息进行筛选、综合、评估，通过分析、探索内容之间的联系和关系，加深对课程内容的理解。

三是总体评价。主要测试课程活动设计帮助学生掌握未来职业岗位所需要的情感、知识与技能的效果。

五、高等职业教育的课程管理

从高等职业教育课程的管理角度看，学校层面更多的是关注专业（群）的建设，把专业建设作为带动学校内涵发展的龙头，学院（系部）更多的是关注课程建设。但课程建设离不开学校的政策和环境支持，如资金资助政策、网络软硬件环境、信息技术水平、师资队伍能力和课程运行平台的管理等。为了保障职业教育课程开发建设的规范和高质量性，高职院校必须订三个基本的课程管理制度：一是学校层面的课程设置规范管理制度。制度内涵包括课程设置原则、课程名称要求、课程基本信息、课程所属类别（专业群平台、专业主干、专业拓展）、与其他课程之间的关系、归口单位、课程维护等。二是学院（系部）层面的课程建设制度。制度内涵包括课程开发、课程实施、课程评价、课程管理等环节以及课程的宏观、中观、微观三个层面。宏观课程指专业的全部课程，其表现形式为培养方案；中观课程指一个专业中内容相关的一组课程；微观课程指教师讲授或指导的一个实践教学单元。三是职业院校间的课程认证制度。建立基于中高职衔接的核心课程认证制度，对职业院校独立培养阶段核心课程的学分认定，即在中职阶段核心课程达到了一定的学分绩点，在高职阶段就认可该学分并实行免修。

形成规范、注重质量的课程制度体系，是注重质量建设的职业院校制度文化建设的一部分。所以，良好制度形态的课程文化的形成，可以促成良好的教风和学风的形成。目前，高职院校课程教学制度的订基本上是由学校单方面完成的，造成了学生不太了解教师的课程行为规范。另外，学生的课程学习制度由任课教师和企业指导教师订，这使得学生无法获得心理和价值上的认同感。因此，课程制度文化的建构本质上是一种企业参与，是学校、教师和学生通过相互协商，共同理解与建构的一个过程，也是课程管理文化教学实践的过程。只有通过不断实践和改进，课程制度体系的"实践能力"才能得到真正的提升。

高等职业教育课程的内涵建设必须有合作企业的参与，依照企业的实际，共同进行课程开发。在开发及课程教学实践中，逐步融入企业文化、企业价值、职业标准和岗位行为规范。在多轮的职业教育课程开发实践中，逐步实现"三融"的课程建设目标。职业教育课程的内涵建设，就是要按合作企业的技术岗位和生产工艺、流程要求及先后次序进行排列组合，重新组织融人文素质学习、专业理论和实践知识学习于一体的课程教学活动体系，打造具有合作企业特色的职业教育课程教学方案。职业教育课程的内涵建设，就是要开发以典型的职业活动为核心，教学内容以职业岗位需要的知识、技能和情感为主体，教学方式强调任务驱动和项目导向，教学环境强调真实的职业岗位环境的现代职业教育课程标准，使高等职业教育真正成为一种全新类型的高等教育。

第三章 "双高计划"背景下职业高等教育的理论研究

第一节 "双高计划"背景下高职院校的战略定位

一、"双循环"发展格局和"双高计划"概述

2020年5月14日，中共中央政治局常委会会议首次提出"构建国内国际双循环相互促进的新发展格局"。习近平总书记也多次强调要"逐步形成以国内大循环为主体、国内国际双循环相互促进的新发展格局"。2020年10月，中国共产党第十九届中央委员会第五次全体会议审议通过了《中共中央关于订国民经济和社会发展第十四个五年规划和二〇三五年远景目标的建议》，提出构建双循环新发展格局成为统领"十四五"期间经济发展的核心方略，为中国社会和经济发展指明了新的方向，开启了社会主义现代化国家建设的新征程。构建基于"双循环"的新发展格局是党中央在国内外环境发生显著变化的大背景下，推动我国开放型经济向更高层次发展的重大战略部署。基于"双循环"和"高质量发展"的背景，各行各业急需高素质技术技能人才。建设一支符合时代要求的知识型、技能型、创新型的新时代人才队伍是高职院校必然要承担的新使命，必须为促进经济社会发展和提高国家竞争力提供人才资源支撑。

国家高度重视职业教育发展，2019年国务院印发了《国家职业教育改革实施方案》。为落实方案，教育部、财政部推出了《实施中国特色高水平高职学校和专业建设计划的意见》（以下简称"双高计划"），指出以习近平新时代中国特色社会主义思想为指导，牢固树立新发展理念，服务建设现代化经济体系和更高质量、更充分的就业需要，立足中国，放眼世界，面向未来，强力推进产教融合、校企合作，聚焦高端产业和产业高端，重点支持50所高水平高职学校和150个高水平专业群率先发展，引领职业教育服务国家战略、融入区域发展、促进产业升级，为建设教育强国、人才强国作出重要贡献。因此高职院校要在"双高计划"引领下直面挑战，强化问题意识和创新意识，激发贯彻新发展理念的行动自觉，着力类型化特色发展，融入现代"双循环"经济体系建设，有效引导我国职业教育步入创新发展和高质量

发展轨道。

二、"双高计划"背景下高职院校的战略定位

（一）高职教育职能转变：由服务经济发展到引领经济体系建设

高职教育是与经济社会发展联系最密切的教育类型，从发展初期至相当一段时期一直致力于服务现代化经济体系建设、产业转型升级和促使劳动者更高质量、更充分就业，为经济发展作出了重要贡献。长期以来，受经济发展水平的限制，我国职业教育呈现基于工作岗位零距离"技术工人制造厂"的明显外生性特征，培养人才呈需求侧"一面倒"现象，需要什么就培养什么成为职业教育的常态，服务经济发展需要成为职业教育乃至高职教育的主要使命与特征。随着中国特色社会主义进入新时代，高职教育发展也进入改革攻坚期、提质增效期，着力推动人才培养供给侧改革，提高技术技能人才供给质量和供给效率，为中国产业走向全球产业价值链的中高端提供支撑，既是新时代高职院校创新发展的目标所在，也是新时代高职院校引领现代化经济体系建设的强烈诉求。

（二）高职教育中国方案：兼顾中国特色和国际视野

"双高计划"要求我国高职院校扎根中国大地，全面贯彻党的教育方针，坚定社会主义办学方向，完善职业教育和培训体系，健全德技并修、工学结合的育人机制，为中国产业走向全球产业中高端提供高素质技术技能人才支撑。同时，加强与职业教育发达国家的交流合作，引进优质职业教育资源，参与订职业教育国际标准。开发国际通用的专业标准和课程体系，推出一批具有国际影响的高质量专业标准、课程标准、教学资源，打造中国职业教育国际品牌。积极参与"一带一路"建设和国际产能合作，培养国际化技术技能人才，促进中外人文交流。探索援助发展中国家职业教育的渠道和模式。开展国际职业教育服务，承接"走出去"中资企业海外员工教育培训，推动技术技能人才本土化。这就为高职教育中国方案定了基调，必须兼顾中国特色和国际视野、国际化与本土化协调发展。经过多年实践与探索，我国职业教育扎根中国土壤，逐步形成"产教融合、校企合作、工学结合、知行合一"的特色话语体系，逐步建立以学校职业教育为主体、以专业为载体、以产教深度融合为机制的符合中国国情的具有中国特色的职业教育发展方案。随着国内国际双循环相互促进的新发展格局，随着"一带一路"倡议的深入推进，教育国际化将在帮助我国走近世界舞台中央、促进人类命运共同体构建中发挥越来越重要的作用。在"双高计划"背景下，高职院校要从完善国际化管理架构、建立国际化协调运行机制、加强国际化工作考评管理三个方面完善国际化管理体制机制；通过搭建国际化产教融合平台、职业教育援外平台和国际化科研合作平台，拓宽国际化发展路径；构建国际化标准体系、培养国际化师资、加强留学生教育、提升国际服务水平，以此来推进高职学校国际化发展。

三、"双高计划"背景下高职院校特色发展的现实探索

改革开放以来，职业教育为我国经济社会发展提供了人才和智力支撑，现代职业教育体系框架全面建成、服务经济社会发展的能力和社会吸引力不断增强，为国家经济发展作出了重要贡献。其中，一大批高职院校的特色发展为上述成绩的取得奠定了基础。

（一）落实立德树人根本任务，打造技术技能人才高地

高职院校坚持知行合一、德技并修，培养政治、技术、综合能力过硬的高素质技术技能人才。构建"三全育人"体系，加强学生思想政治的引领，优化思政课程；强化工学结合、产教融合，凸显双创教育成效；加强校园文化建设，打造一流育人环境，突出加强学生美育、体育的培养，提高人才培养基础素质、人文素养；强化农事教育，注重工匠精神培育和传承，强化学生认知、合作、创新和职业能力等综合素质的培养。

（二）聚焦乡村振兴，打造高水平专业群

高职院校坚持政产学研结合，突出加强现代农业的应用研究，致力于农业新品种、新技术和新工艺应用示范推广。围绕现代农业产业转型升级和技术进步，以培养发展型、复合型、创新型人才为目标，开展专业布局引航、特色专业领航、标准体系导航、教学改革续航、机制保障护航五大工程，建成覆盖农业农村农民，第一、二、三产业融合发展的特色优势专业群。

（三）实施人才立校工程，打造高水平"双师型"教师队伍

高职院校坚持培育和使用并重，全面提升教师综合素养。改革高层次人才引进和培育制度，创设专业化、个性化和多元化职业生涯发展路径，培养教师"行业气质"与"工匠特质"，挖掘提升教师"科研"与"教研"的潜质与水平，铸就教师"行业"与"专业"的双重属性，全面提升教师立德树人、教学创新、科学研究和技术服务的综合能力。

（四）创新产教融合机制，提升校企合作水平

高职院校应创新校企合作机制，实施校企合作"1234"工程，建设产业集群。如探索混合所有制＋企业化运营的产业学院；创新合作载体，实施校区、园区、融合工程，按照3A、4A级标准，建设农商文旅体融合的校园休闲旅游综合体；创新合作模式，校企双主体运营职教集团，共同推进实体化运营。

（五）聚力"一带一路"倡议，打造国际化农业职教金字招牌

高职院校实施留学计划，加大留学生招收培养力度；引入国际职教新理念，探索师生互访、实践基地开放、科研信息互动等合作新模式；践行国际技术培训与服务，在"一带一路"沿线国家开展产业减贫研究、农业推广应用示范与技术培训，承接"走出去"企业员工培训；开拓跨境人才培养，与企业合作精准培养国际技术技能人才。

随着社会的发展、时代的进步，高职院校教育职能转变体现了与经济社会发展同频共

进的历史变迁特征，在动态调整中不断确立新理念、新定位、新模式、新使命。高职教育应充分利用"双高计划"的契机，站在新的起点上，根植于中国沃土、放眼世界，积极建设未来高职教育形态，打造高职教育发展的中国方案。

第二节　"双高计划"院校的专业布局与生成机理

一、问题的提出

2019年12月，教育部公布了中国特色高水平高职院校和专业建设计划建设院校197个，标志着我国首批"双高计划"建设院校与专业群的诞生，也标志着我国高等职业院校进入又一新的发展阶段。

"双高计划"建设院校是我国高等职业教育发展过程中的"关键少数"，其示范引领作用的发挥对促进我国高等职业教育整体的"提质增效"有着十分重要的作用。专业建设是高水平高职院校和专业群建设的重要抓手，恰切的专业布局与科学的专业发展战略则是"双高计划"建设的关键环节。厘清我国首批56所"双高计划"建设院校的专业布局与生成机理，有利于优化其专业布局结构，形成良好的专业（群）生态，增强其示范引领作用。因此，本研究将聚焦于首批56所"双高计划"建设院校，探究其专业布局特征与发展模式以及专业发展模式背后的生成机理，以期为我国高等职业院校的专业治理提供科学之策。

二、研究设计

专业（群）建设是高等职业院校内涵建设与综合办学实力提升的重要抓手。高等职业院校专业布局的形成有其内在的知识逻辑与外在的实践逻辑，高职专业（群）的生成与进化是内在知识逻辑与外在实践逻辑的有机统一。内在知识逻辑强调按照技术知识的演化逻辑把握其建设规律，外在的实践逻辑要求关注职业院校专业（群）所对接的产业链与岗位群、关注特定区域社会经济发展的现实诉求。研究主要按照以下程序进行：第一，系统梳理教育主管部门和56所"双高计划"建设院校关于专业建设的相关文本，形成本研究的资料池与数据库；第二，确定专业分类标准，在全面梳理国内外专业分类标准以及关于专业分类相关研究的基础上，形成本研究的专业分类依据；第三，构建专业布局矩阵，以专业分类标准的专业单元为行要素，以56所"双高计划"建设院校为列要素，构建专业布局矩阵；第四，专业布局的描述统计与层次聚类，以"专业布局矩阵"为数据来源，通过描述统计分析56所"双高计划"建设院校的专业布局特征，通过层次聚类分析56所院校的专业发展模式；第五，透视专业生成机理，在专业布局特征和专业发展模式分析的基础上，探究其背后的生成机理。

（一）高职专业的分类依据

科学合理的专业分类是对"双高计划"建设院校专业布局进行量化分析和层次聚类的基础与前提。因此，应确定科学的专业分类标准，而要确定合理的专业分类标准则应对专业进行科学的界定。首先，从词源学的角度分析，《辞海》中将"专业"的内涵界定为"教育实践活动中，中等专业学校或高等学校根据社会专业分工的需要而设立学业类别，各专业的教学计划，体现着各专业的培养目标和要求"。与此同时，现有的相关研究也对专业的内涵进行了明确的界定，潘懋元教授认为，"专业是课程的一种组织形式"，是根据学术门类划分或职业门类划分，用课程组合成的专门化领域。也有学者将"专业"的内涵分为广义和狭义两个维度进行界定，认为狭义的专业是一种人才培养的实体单位，主要根据学科分类和社会分工的需要对专门知识进行的分类；广义的专业则主要指专门化的知识领域。其次，从专业分类的国内外实践来看，在国外与专业相对应的概念是"主修"（major），主要由一系列有内在逻辑关系的"课程组织"（program）构成，相当于一个培训计划或课程体系。国外各国的教育主管部门和相关机构也发布了各自的专业分类目录，如美国的《学科专业目录》（Classification of Instructional Programs）。我国的高等职业教育专业目录，先后有 2004 年发布的《普通高等学校高职高专教育指导性专业目录（试行）》、2015 年发布的《普通高等学校高等职业教育（专科）专业目录》等政策文件。现有高职院校的专业设置主要以 2015 版的专业目录为依据，并在 2016—2019 年每年对专业目录进行增补，其中 2016 年增补 13 个专业，2017 年增补 6 个专业，2018 年增补 3 个专业，2019 年增补 9 个专业。因此，最新的高职专业分类依据主要由 779 个专业、99 个专业类和 19 个专业大类组成。

基于上述对专业内涵的界定和国内外专业分类实践的分析，综合考虑不同分类标准的客观性、时效性、数据的可获得性等属性，本研究将以教育部颁发的最新《普通高等学校高等职业教育（专科）专业目录》为"双高计划"建设院校的专业分类统计标准，以 779 个具体专业为行要素，以 56 个"双高计划"建设院校为列要素，构建 779×56 专业布局矩阵，进而分析专业布局特征与主要发展模式，最后洞悉其专业布局的生成机理。

（二）样本选择说明

在科学研究过程中样本的选择应综合考虑研究样本的代表性、数据的可获得性、样本选择的科学性等因素。基于样本选择的具体要求，本研究以 2019 年 12 月公示的我国首批 56 所"双高计划"建设院校为样本来源，以其专业布局情况为样本数据来源。从样本的代表性来看，我国首批"双高计划"建设院校广泛分布于我国的 29 个省、自治区和直辖市；从"双高计划"建设院校的具体类型来看，具体包括综合、工科、语言、财经、艺术、农学、医学等不同类型的院校。因此，研究样本具有广泛的代表性。从样本数据的可获得性和科学性来看，各"双高计划"建设院校的各类专业数据和资料均来自各院校官方网站和教育部官方网站，可以确保样本数据的可获得性和科学性。

三、"双高计划"建设院校的专业布局特征与发展模式

本研究通过对专业数据的量化分析可得到我国"双高计划"建设院校的专业布局特征；基于对专业布局矩阵的层次聚类分析可得到我国"双高计划"建设院校多元化的专业发展模式。

（一）专业布局特征

专业布局结构特征在不同维度反映了职业院校的办学定位和院校特色。根据 779×56 专业布局矩阵，从不同维度对我国"双高计划"建设院校的专业布局进行描述统计，以分析不同院校不同专业（群）的分散与聚集情况。通过量化分析发现，我国"双高计划"建设院校的专业布局主要有以下特征：

从总量来看，专业大类齐全，专业之间冷热差距明显。通过对"双高计划"建设院校 779×56 专业布局矩阵的量化分析发现，56 所"双高计划"建设院校所设置的专业覆盖了最新《普通高等学校高等职业教育（专科）专业目录》的全部专业大类的 424 个专业，整体专业布局基本能够对接经济社会重点领域。专业大类布局齐全的同时，不同专业之间、不同院校之间的具体专业布局存在非常明显的差距。首先，"双高计划"建设院校的专业数量差距突出，"双高计划"建设院校设置专业数的平均值是 47，标准差是 16.07，极差 68，院校之间的专业数量差距明显。例如，设置专业最多的深圳职业技术学院共有 87 个专业，而天津医学高等专科学校所设专业总数还不足 20 个。其次，从单个专业的分布频次来看，部分专业的开设率超过了 90%，而有些专业的开设率则偏低。例如，有近 150 个专业仅有一所"双高计划"建设院校开设，有 300 多个专业没有"双高计划"建设院校开设，专业个体之间"冷热"差距明显。

从热门专业的布局来看，热门专业紧贴经济社会重点领域，主要集中于财经商贸、装备制造、电子信息、旅游等专业大类。具体的专业"扎堆"分布于财经商贸大类的会计、电子商务、市场营销、物流管理、汽车营销与服务等专业；装备制造大类的机电一体化技术、电气自动化技术、工业机器人技术、数控技术、汽车检测与维修技术、模具设计与制造等专业；电子信息大类的计算机网络技术、软件技术、计算机应用技术、物联网应用技术、电子信息工程技术等专业；旅游大类的旅游管理、酒店管理等专业。

从冷门专业的分布来看，冷门专业的区域特色突出。通过分析"双高计划"建设院校 779×56 专业布局矩阵可以得出，424 个已设置的专业中有 147 个仅有一所院校开设，形成已开设专业中相对"冷门"的专业（占开设专业总数的 34.67%）。此类专业虽然开设的院校较少，但专业的区域特色十分突出。例如，航空发动机制造技术与航空电子电气技术专业虽然仅一所"双高计划"建设院校——西安航空职业技术学院开设，但此类专业很好地体现了院校特色和学院服务航空的办学理念，较好地对接了航空产业链的人才需求，满足了所在区域航空维修、民用航空航天、装备制造等企业的需求，有助于其社会服务能力的提升。

（二）专业发展模式

"双高计划"建设院校的专业布局特征反映了每一所"双高计划"建设院校专业布局的分散与聚集特征以及各专业的主要服务领域分布。专业布局特征更多是从"双高计划"建设院校设置专业的角度去分析，而专业发展模式主要关注同一所院校内部不同专业之间如何实现协同发展的问题。由于每一所"双高计划"建设院校在办学历史、办学理念以及所处地理环境方面的差异性，使得不同院校之间的专业发展呈现多元化的模式。根据层次聚类对各"双高计划"建设院校专业布局相似性"亲疏远近"程度的聚类结果和各院校具体的专业发展策略，可将"双高计划"建设院校的专业发展模式归纳为以下几类：

优势特色专业群驱动模式。典型的"双高计划"建设院校有天津医学高等专科学校、上海工艺美术职业学院、江苏农牧科技职业学院、新疆农业职业技术学院、陕西铁路工程职业技术学院、湖南铁道职业技术学院等。此类专业发展模式的院校在专业发展过程中注重打造"小而精"的优势特色专业群，并以特色优势专业群来驱动学校全部专业的整体发展。优势特色专业群驱动发展模式的院校主要为医学、农学、铁路、艺术等行业属性比较明显的院校，这类院校设置的专业总量不多，但院校特色十分突出。

应用类专业群引领模式。主要包括工科应用类专业群和社科应用类专业群两类具体的模式。社科应用类专业群引领模式的典型"双高计划"建设院校有北京财贸职业学院、浙江金融职业学院、山西省财政税务专科学校、海南经贸职业技术学院等；工科应用类专业群引领模式的典型"双高计划"建设院校有北京工业职业技术学院、常州机电职业技术学院、长春汽车工业高等专科学校、四川工程职业技术学院、浙江机电职业技术学院等。社科应用类专业群引领模式的"双高计划"建设院校主要为财经和语言类院校，社科应用类专业群从知识分类的角度大都属于"应用软科学"，此类模式十分关注具体的职业实践，强调通过软性知识获得技能，有着强烈的职业导向性。选择此类专业发展模式的院校主要通过打造自身的特色优势社科类专业群来引领学校其他专业的同步发展。与"社科应用类专业群引领模式"相得益彰的另一专业发展模式是"工科应用类专业群引领模式"，工科应用类专业领域的知识"发展目的性强、注重实用性，一般通过硬性知识获得实际技能"，主要是"应用硬科学"或"技术科学"，以机械工程为代表。工科类专业在培养技术型人才方面的独特优势，使得通过工科类专业群引领其他专业发展，成了高等职业院校专业布局与发展的最重要模式。

多科专业协同发展模式。典型的"双高计划"建设院校有深圳职业技术学院、杨凌职业技术学院、芜湖职业技术学院、淄博职业学院、金华职业技术学院、天津市职业大学等。多科专业协同发展模式的"双高计划"建设院校，在其专业布局过程中，强调"大而全"的专业布局，而非特色专业群驱动模式院校所选择的"小而精"的发展思路，他们更加强调综合性，更加注重各类专业之间的协同发展与良好专业生态的培育。多科专业协同发展模式的"双高计划"建设院校不仅在专业规模上处于优势地位，而且形成了良好的专业生态系统，为不同专业的交叉与融合提供了潜在的可能性。同时，多样化的专业布局也为培养多类型、多规格的技术技能型人才提供了良好的专业基础。

四、"双高计划"建设院校专业布局的生成机理

"双高计划"建设院校的专业布局特征和发展模式在不同程度上说明了高职院校的专业系统有着较为明显的自组织属性。专业个体在自我的生长进化过程中将与周围的各专业之间形成联动机制，进而形成特定的专业生态系统。专业生态系统内部各组成要素将以能量流动、物质循环和信息传递等形式相互联系、相互制约，形成具有自我调节功能的复合体。专业群生态系统是一个相对独立的开放系统，对其外部环境系统有着较高的敏感性。在专业群生态系统自我运转以及与外部环境系统互动的过程中，最终将实现不同层面的动态平衡，并在此过程中展现有规律可循的专业布局生成机理。基于组织生态学的相关理论，本研究将基于专业生态系统的"系统开放度"和系统内专业之间的"关联度"构建专业布局生成机理的分析框架。根据具体框架和"双高计划"建设院校的专业布局特征和专业发展模式，可将其专业布局生成机理总结如下。

（一）优势特色专业个体的自我进化

专业是专业生态最基本的组成要素，是专业种群和专业群落形成的基础与前提。当专业生态系统中专业之间的开放度最小、系统的开放度最小时，此时正是"双高计划"建设院校优势特色专业自我生长与进化的阶段。优势特色专业的形成有两条基本路径：一是专业个体的自我生长进化，二是以制度设计为依托的短期人为设计路线。两条看似不同的路径其实都有一个逻辑前提，即专业个体的自我进化、自我适应和自我修复。优势专业个体的自我生长进化是专业生态系统最基础和最重要的内部动力，也是我们人为制度设计的逻辑前提。从知识论的视角来看，专业个体在自我进化过程中将依据其所对接的岗位群与专业链进行知识的加工与生产。相较于研究型大学基于"闲逸的好奇"而对各类高深学问的探索，"双高计划"建设院校专业个体的知识生产更强调对各类技术知识的加工、生产与传授，是对基于工作实践的做某类事情之技艺与能力类知识（know-how 知识）的生产与加工，是技术技能应用型知识（程序性和操作性知识）到工程应用型知识（策略性和反思性知识）之间的循环往复。优势特色专业作为专业生态系统的"关键少数"对专业生态系统的发展进化起着举足轻重的作用，基于真实生产环境对不同类型技术知识的生产诉求而形成的专业个体自我生长进化的逻辑，是"双高计划"建设院校专业布局的重要生成机理之一。

（二）专业（群）之间的竞合演化

当专业生态系统的开放度较小，但专业之间的关联度进一步增大时，专业与专业之间将存在诸多竞争与合作的现象。由于专业个体在专业生态系统内部生长进化的过程中，单个的专业尤其是优势特色学科，在其发展进化和独立性不断增强的过程中将逐步脱离先期

的母体专业，产生专业系统内的"裂变"现象。例如，会计专业作为北京财贸职业学院的优势特色专业，在后期的发展过程中逐渐"裂变"出税务会计、财务大数据应用等不同的专业方向。除了专业个体的"裂变"现象之外，也存在不同专业个体的重叠领域逐渐合并，形成新的专业（专业方向）的专业"聚变"现象。例如，长沙民政职业技术学院的旅游类专业和语言类专业的聚合，产生了旅游管理（英语方向）、旅游管理（韩语方向）等新的专业方向。专业系统的"裂变"和专业之间的"聚变"现象将使得专业生态系统更加多样化，为专业个体的裂变、专业间的交叉与融合提供潜在的可能性，但与此同时也加剧了专业系统内不同专业之间的竞争。根据组织生态学的"分配原则"，专业生态系统内部不同专业的竞争力将取决于每个专业在系统中生态位的宽度，专业个体的组织生态位越宽，其所能利用的各类资源的范围就越大。由于特定系统在特定时空条件下的资源是有限的，因此，专业（群）之间为获得自身发展需要的各类资源将展开激烈的竞争。与此同时，不同的专业之间为了应对产业环境的变化和对接全产业链人才发展的需求也会存在广泛的合作现象，例如，在高等职业院校实践过程中专业群、产业学院的组建为专业间的合作提供了保障平台。专业（群）之间的竞争与合作，推动了专业群生态系统从无序走向有序，增加了专业生态系统的活力，也进一步提升了专业生态对外部环境系统的适应性。

（三）专业系统与外部环境系统的协同演化

"双高计划"建设院校的专业生态系统由专业个体、专业群、专业群落等要素组成。不同组织形态的各类要素按照专业个体的自我进化逻辑、专业（群）之间的竞合演化逻辑共同推动了专业生态系统的动态演化与平衡。除专业系统内的动态演化外，专业生态系统与外部环境系统也存在广泛的互动关系，外部环境系统对"双高计划"建设院校专业布局的形成有着十分显著的影响。高等职业教育的跨界性和自身与产业系统联系的紧密性决定了专业系统与外部环境系统之间相互作用的多样性。专业生态系统需要从外部环境系统中获得自身发展所需要人力、物力、财力等各类资源，又向外部环境系统输出各类技术技能人才、技术成果等产出。

在外部环境系统中，政府政策、企业人才需求规格、同地区各类院校的专业设置情况等要素将影响"双高计划"建设院校的专业布局情况。例如，为了适应新时期产业系统的发展诉求，教育部对 2015 年发布的《普通高等学校高等职业教育（专科）专业目录》于2016—2019 年每年进行增补，以不断适应新经济、新业态对学校培养人才的现实诉求。从近四年增补的各类专业来看，新增的"虚拟现实应用技术、大数据技术与应用、高铁综合维修技术、人工智能技术服务"等专业较好地对接了互联网和高铁的快速发展对相应人才的现实诉求。同时，为促进制造强国建设项目的推进，国家先后出台了《中国制造2025》《制造业人才发展规划指南》等系列政策文件，这些政策文件的出台将对"双高计划"建设院校的专业布局起到很强的政策导向作用。为了适应政策导向和产业环境的变化，"双高计划"建设院校也作出了积极的应对，例如，南宁职业技术学院立足国家和区域的发展战略，制订了相应的专业动态调整标准，积极应对新兴产业的变化，实现了专业链与产业链的紧密对接。除了政策因素、产业环境的变化外，同一区域内各类高校专业设置情况也会影响相应区域"双高计划"建设院校的专业布局情况，同一地区高校专业的设置要尽可能降低同质化问题。同时，"双高计划"建设院校也基于各自的优势积极开展了不同层次的合作。例如，无锡职业技术学院除了已布局的50多个专科专业外，还与江苏大学开展本科专业人才的联合培养；广东轻工职业技术学院与肇庆学院合作培养精细化工技术专业人才等。正是由于高等职业教育对外部环境系统变化的敏感性和二者之间紧密的联系，使得专业系统与外部环境系统的协同演化成为"双高计划"建设院校专业布局形成的另一重要机理。

"双高计划"着力于建设一批具有中国特色、世界水平的专业群和高职院校，以引领我国职业教育改革的持续深化、强化高等职业教育内涵建设、支撑高等职业教育高质量发展。专业建设是高水平高职院校和专业群建设的重要抓手，恰切的专业布局与科学的专业发展战略则是"双高计划"建设院校内涵发展与特色建设的前提与基础。中国特色、世界水平的高职院校和专业群的建设，要扎根中国大地和我国经济社会发展的现实诉求，建成有世界水准的院校和特色专业群。为更好地促进我国高职领域的"双高"建设，首先，应固本培元，着力打造各院校的特色优势专业。特色优势专业是每一所高职院校的"强校之基""立校之本"，是专业生态系统发展演化的最重要"引擎"之一。特色优势专业的打造将为打造高水平专业（群）提供重要前提，同时也可以发挥特色优势专业的"辐射效应"，以带动学校其他专业的整体协同发展。其次，做好不同层面的制度设计，营造良好的外部生态环境。在国家层面，根据经济社会发展现实需求的变化，及时调整或增补各类专业设置政策，做好国家层面的政策引导；在区域层面，立足区域发展的客观现实，对区域内不同类型的高等院校进行整体引导与规划，使各类院校可以优势互补、错位发展，为区域内不同院校之间的良性竞争和长效合作提供潜在的可能性；在院校层面，各院校应立足国家和区域重大战略需求和产业环境的发展变化，建立科学合理的现代学院制度，优化专业布局结构，为专业的交叉与融合提供良好的环境，同时做好专业的动态调整。通过在不同层面培育良好的外部生态环境，增强专业（群）生态系统的适应性，进一步提升专业（群）生态系统的可持续发展能力，实现中国特色高水平高职院校和专业建设关键环节的突破。

第三节 "双高计划"建设院校和专业群的数据透视

2019年1月，国务院印发《国家职业教育改革实施方案》（简称《职教20条》），明确提出要启动实施中国特色高水平高等职业学校和专业群建设计划，建设一批引领改革、支撑发展、中国特色、世界水平的高等职业学校和骨干专业（群）。同年4月1日，教育部、财政部联合印发《关于实施中国特色高水平高职学校和专业建设计划的意见》（简称"双高计划"），紧接着 4 月 16 日，教育部、财政部印发《中国特色高水平高职学校和专业建设计划项目遴选管理办法（试行）》（简称"双高计划"遴选办法）。5 月各省完成推荐工作，12 月教育部、财政部印发《关于公布中国特色高水平高职学校和专业建设计划建设单位名单的通知》，公布 197 所学校为"双高计划"建设单位，其中 56 所高职院校入选高水平建设校，253 个专业群入选高水平专业建设校，至此"双高计划"尘埃落定。本节对入选结果进行数据透视，分析入选高职院校和专业群的频次、占比、专业分布、结构特征和地域特征等，以此来窥视高等职业教育改革发展的新定位、新方向和新突破。

一、"双高计划"建设单位分布情况

教育部、财政部公布的"双高计划"遴选办法，规定对申报学校和专业群先按照遴选标准分别评价赋分，然后依据学校和两个专业群的赋分进行综合排序，以确定高水平学校推荐单位。推荐结果分为三档，A 档 10 所，B 档 20 所，C 档 20 所左右；依据学校和一个专业群的赋分进行综合排序，考虑产业布局和专业群布点的特点，确定高水平专业群推荐单位，推荐结果也分为三档，A 档 30 所，B 档 60 所，C 档 60 所左右。根据这样的遴选办法，56 所高职院校入选高水平建设校，其中 A 档 10 所，B 档 20 所，C 档 26 所；141 所高职院校入选高水平专业群建设校，其中 A 档 26 所，B 档 59 所，C 档 56 所。分析遴选结果，发现建设单位分布有如下两个特点：一是对照遴选办法，发现入选 C 档的高水平建设校增加了六所，入选高水平专业群建设校在 A、B、C 各档次上都有所减少，A 档减少四所，B 档和 C 档均比原计划少一所学校。"双高计划"基本完成了既定任务，但也应该看到，在高水平专业群建设校的遴选上存在缺口，这可能是因为在以往的国家支持建设项目中，一般都是以专业建设为重点，以专业群为独立的建设项目还是首次提出。二是仔细阅读教育部、财政部公布的"双高计划"建设单位名单，发现入选的 56 所高水平建设校和 141 所高水平专业群建设校分为四类，其中入选 A 档、B 档的高水平建设校分别为第一类和第二类，入选 C 档的高水平建设校与入选 A 档、B 档的高水平专业群建设校都属于第三类，C 档高水平专业群建设校为第四类。这样的分类，意味着 C 档高水平建设校与 A 档、B 档高水平专业群建设校享受同等的支持政策，对他们的支持力度是一样的。

二、结构特征分析

（一）高水平建设校的来源结构分析

"双高计划"遴选办法规定，申报学校必须是省级及以上优质校，所以本节仅将入选"双高计划"的建设名单与"国家示范性高等职业院校建设计划"支持建设的 100 所国家示范性高等职业院校（简称"国示范校"）和 100 所骨干高职建设院校（简称"国骨干校"）名单进行比对。通过分析发现此次入选"双高计划"的 56 所高水平建设校全部来自"国示范校"和"国骨干校"，其中"国示范校"有 42 家，"国骨干校"有 14 家。在 141 所高水平专业群建设校中，34 所为"国示范校"，54 所为"国骨干校"。在入选"双高计划"的 197 所高职院校中，"国示范校"和"国骨干校"共有 144 所，占 73%。这样的来源结构是"双高计划"建设目标定位的必然选择。"双高计划"是继"国家示范性高等职业院校建设计划"和"高等职业教育创新发展行动计划"之后的又一项由政府主导的高水平高职院校建设计划，开展实施"双高计划"的目的就是要集中力量建设一批能引领改革、支撑发展，有中国特色，具有世界水平的高职学校和专业群，以此来带动整个职业教育的持续深化改革，引领职业教育实现现代化，为促进经济社会发展和提高国家竞争力提供优质的人才资源支撑，形成中国特色的职教发展模式。因此，"双高计划"建设单位要能胜任并圆满完成这样的建设目标，必须是办学条件好、师资队伍强、专业（群）特色鲜明、产教融合深入、社会认可度高的高职院校。但同时也应该看到，此次入选"双高计划"的高职院校中有 53 所不是"国示范校"或"国骨干校"，占比达 27%。由此可见，"双高计划"牢牢坚持"扶优扶强"的原则，对那些建设基础好、办学实力强的高职院校继续支持，但又不以固有"身份"为单一评价标准，在充分考虑国家战略、地方经济发展和产业布局需要的同时，择优遴选，避免资源向少数学校过度集中。

（二）高水平建设专业群的结构特征

1. 入选专业群所属专业大类情况

通过将"双高计划"公布的高水平建设专业群与高职院校专业目录的比对，发现本次入选的 253 个高水平建设专业群覆盖了除新闻传播大类外的 18 个专业大类，63 个二级专业类别，专业大类覆盖率 95%，二级专业类别覆盖率 64%。从具体分布来看，入选的 253 个专业群中有 59 个属于装备制造大类、30 个属于交通运输大类、26 个属于电子信息大类、21 个属于财经商贸大类、19 个属于农林牧渔大类，这五个专业大类的专业群入选数占总数的 61%。这些专业都是产业急需的，有的面向战略性新兴产业，有的面向先进制造业，有的面向现代服务业和现代农业。加大对这些专业群的建设支持力度，将为经济转型发展提供一大批高素质技术技能型人才，同时也将解决人工智能和制造业融合过程中，低技能岗位人员的再培训、再就业问题，为区域经济社会发展提供强有力的人才支撑。

2. 入选专业群频次统计分析

"双高计划"遴选的 253 个高水平建设专业群分别属于 136 个不同的专业，其中大数据技术与应用、食品药品监督管理、珠宝首饰技术与管理为新专业。通过对入选"双高计划"的 253 个专业群进行频次统计，发现入选频次在 5 次以上的高水平建设专业群共有 12 个，分别为机电一体化（10 次），道路桥梁工程技术（7 次）、软件技术（7 次）、数控技术（7 次），畜牧兽医（6 次）、电子商务（6 次）、建筑工程技术（6 次），护理（5 次）、机械制造与自动化（5 次）、模具设计与制造（5 次）、物联网应用技术（5 次）、应用化工技术（5 次）。安全技术与管理、包装策划与设计等 87 个专业群仅入选 1 次。由此可见，"双高计划"在各省推荐的专业群中进行遴选时，坚持高水平、高质量的标准，重点支持建设基础好、有特色的专业群，以充分发挥示范效应、以点带面；同时这样的遴选机制也有效地避免了专业群建设同质化、重复建设和"千校一面"的现象，从而有助于引领和带动各地各校立足本地方、本区域，根据区域经济社会和产业发展需要，结合自身资源进行专业群建设，为推动高职教育发展提质增效，走出一条百花齐放、千校竞发的中国特色职业教育发展之路。

三、地域特征分析

（一）各省入选情况分析

通过分析"双高计划"建设单位名单在各省的分布，发现入选的 56 所高水平建设校和 141 所高水平专业群建设校分布在 29 个省、直辖市和自治区，平均每省约有 7 所高职院校、9 个专业群入选。从各省分布情况来看，江苏、浙江、广东和山东四省在建设学校总量上位于前列。江苏省有 20 所高职院校入选，相当于省均建设数的 3 倍左右，处于领先地位，其中高水平建设校 7 所、高水平专业群建设校 13 所。浙江省和山东省均有 15 所学校入选，在建设学校总量上并列第二，但从高水平建设校和高水平专业群建设校的数量上来看，两省略微存在差异。浙江省有 6 所学校入选高水平建设单位，山东省仅有 4 所；但从高水平专业群建设单位数这个指标来看，浙江仅有 9 所，山东有 11 所，山东比浙江多 2 所学校。广东省共有 14 所高职院校入选，建设校总量位于第四。海南省和上海市都只有 1 所学校入选，西藏和青海没有学校入选。值得注意的是，陕西省有 4 所高职院校入选高水平建设单位，在高水平建设校的数量上仅次于广东，与山东省并列第四。在入选学校总量上，重庆在四个直辖市中位居第一，共有 10 所学校入选，北京、天津和上海入选学校数分别为 7 所、7 所和 1 所。

（二）东、中、西部地区入选情况分析

将入选"双高计划"的学校根据国家统计局 2011 年按我国的经济区域而划分的东部、中部和西部三大地区标准进行分类统计发现，东部地区在本轮遴选中具有显著优势。入选的 197 所高职院校中有 101 所位于东部地区，占比达 51%。56 所高水平建设校中有 33 所位于东部地区，占比达 59%；从高水平专业群建设校的地区分布来看，141 所高水平专业群建设校中有 68 所学校位于东部地区，占比达 48%。进一步分析发现，入选 A 档的高水平建设校中东部地区有 8 所，入选 B 档的 20 所高水平建设校中有 16 所位于东部地区，占比达 80%。东部地区在本轮"双高计划"的遴选竞争中占有绝对优势，但是中、西部地区的表现也可圈可点。西部地区有 14 所学校入选高水平建设校，32 所入选高水平专业群建设校；中部地区有 9 所学校入选高水平建设校，41 所入选高水平专业群建设校。从 C 档高水平建设校的地区分布来看，东、中、西部地区分布较为均衡，分别有 9 所、7 所和 10 所学校入选，西部地区比东部地区还多 1 所学校入选。

四、"双高计划"遴选结果特征分析

自《国家职业教育改革实施方案》颁布以来，加强办好职业教育放在经济社会发展中进行整体统筹考虑的理念，"双高计划"就是国家教育主管部门对创新职业教育发展方式作出的新部署。"双高计划"作为引领高职教育服务国家战略的"龙头"项目，对其遴选结果进行分析具有重要意义。通过数据分析，发现"双高计划"具有如下特征。

（一）以专业群建设为载体，类型教育特色凸显

不同于以往的"国示范校""国骨干校"以及"优质校"建设以单一专业为建设载体，"双高计划"以专业群为建设载体，在"双高计划"的遴选中专业群的建设情况成为入选的重要评价指标，并将专业群单独立项重点建设。这是职业教育作为一种类型教育的必然选择和必需的建设路径。职业教育不同于普通高等教育，其教育的目的不是单纯的知识传授和积累，而是肩负着知识传授和职业培养的双重责任。"职教20条"在建设总体要求和目标中明确指出，职业教育要牢固树立新发展理念，以促进就业和适应产业需求为导向，着力培养高素质劳动者和技术技能人才。随着产业转型升级的加快，新兴产业的不断涌现，以单一专业来培养人才的模式已不能适应社会对人才的要求，人才供给与人才需求之间的矛盾日益突出。"双高计划"以专业集群建设代替单一的专业建设，就是要引领高职学校以更加宽泛的专业群对接区域产业集群，培养具备适应产业发展和技术变迁的可持续发展能力的高素质技术技能人才，从而更好地适应产业发展对人才的需求。

（二）突出产业发展导向，推动高职教育服务国家发展战略

入选"双高计划"的253个专业群覆盖了18个专业大类，分别属于136个不同的专业，其中61%的专业群面向战略性新兴产业、先进制造业、现代服务业和现代农业。这样的分布说明"双高计划"既充分体现了对关乎国家发展战略重点产业的建设支持，又充分考虑各地产业布局的差异性。"双高计划"作为职业教育改革发展的龙头项目，通过加大对重点专业群的建设支持力度，以此来引领带动职业教育主动服务国家发展战略和地方经济转型升级，高质量地实现学校与企业（行业）跨界的紧密合作，努力探索具有地方特色、产业发展特点的差别化职教发展路径，开创产教深度融合、校企协同育人的崭新局面，为实现"制造大国"向"制造强国"转变、"中国制造"向"中国智造"转变、乡村振兴战略提供坚实的人才支撑。

（三）坚持效率优先，兼顾公平

从遴选结果来看，东部地区高职院校以及国家示范（骨干）建设校在本轮"双高计划"遴选竞争中优势明显。在197所高职院校中，51%来自东部地区，73%是国家示范（骨干）建设校。

这样的结果符合"双高计划"的遴选机制和"扶优扶强"的原则，但同时也应看到有

53所非国家示范（骨干）建设校入选，可见"双高计划"作为一项政府供给制度，既坚持"扶优抚强"的效率优先原则，遴选建设基础好、发展水平高、创新能力强的高职院校，又兼顾公平，充分考虑国家发展战略、地方经济发展和产业布局的需要，避免资源向少数学校过度集中，从一定程度上降低"马太效应"的影响。同时，在继续发挥东部地区职业教育优势的同时，注重东西部地区之间的协同发展，通过政府支持项目，加大对西部地区高职教育的资金投入和政策帮扶，引导高职院校主动服务西部大开发战略，积极打造高素质技术技能人才培养培训基地，为加快西部地区发展、实现东西部地区共同繁荣提供人才支撑。

我国高职教育经过"国示范校""国骨干校"和"优质校"建设，办学实力有了大幅提升，但高职教育是一种类型而非层次的定位，社会认可度依然不高，高职教育改革发展进入深水区和攻坚期。实施"双高计划"就是要进一步推动我国高职教育加强内涵建设，引领高职院校主动将职业教育纳入经济社会发展链条，努力打造高素质技术技能人才培养的高地，让高职教育切实成为支撑国家发展战略和地方经济发展的重要力量。入选建设单位应以产业发展为导向，紧紧围绕专业群建设，在以下三个方面寻求突破。

高水平专业群建设是"双高计划"的重要组成部分，是高职院校提升核心竞争力的关键途径。虽然目前对专业群的内涵概念尚未给出权威界定，但各高职院校可以从"双高计划"政策定位以及职业教育的跨界性、职业性和教育性等方面，来明晰专业群的组建逻辑。遵循职业教育的职业性和跨界性，高职院校在组建专业群时应根据区域产业发展需要组建相应的专业群，并能根据国家发展战略和区域产业升级对技术技能人才需求的变化，及时动态地调整专业群内的专业方向。职业教育的教育性，要求专业群的组建不仅要满足社会对人才的需求，同时还要满足个人对自身可持续发展的要求。各高职院校应在建设中积极实践探索，不断明晰组建逻辑、重构专业体系。

在当前缺乏专业群内涵权威界定、组建逻辑尚未得到实践验证的情况下，要圆满完成专业群建设任务对高职院校来说无疑是一项新挑战，对教师个体的知识结构和能力水平也提出了新要求。因此，在专业群建设中要加强双师队伍建设，培养具有战略眼光、了解产业发展趋势的专业带头人和骨干教师，聘请行业企业领军人才、业务骨干、技术能手，组建由学校专业教师和用人单位业务骨干构成的教学团队。通过团队建设，充分发挥团队成员各自的优势和专长，保证专业群组建的质量和与产业的有效对接，实现专业群平台内各专业的有效支撑并具有适应产业发展的灵活性。

专业群的组建与学校所处地域的产业布局紧密相关，因此要加强专业群建设，就必须加强与企业之间的合作，学校要与企业共同研究探讨人才培养方案，解构人才应具备的职业能力，围绕培养目标，共同开发课程、教材等，共同研究学生在企业实习实践的学习时长、频率、岗位、知识内容、考核指标等具体培养措施，真正实现课堂与车间、教育链与产业链的对接。通过校企深度合作，推动和落实基于专业群建设的人才培养目标。

第四节　未入选"双高计划"高职院校的发展策略

自20世纪90年代以来，中专院校批量升格建院，拉开了高职院校快速发展的序幕。此后，高职院校先后经历了国家示范高等职业院校建设、国家骨干高职院校建设等发展期。经过20多年的发展，高职院校无论是规模发展，还是内涵建设都取得了巨大成绩。从规模上占据高校半壁江山的高职院校为社会培养了大批高素质技能人才，为国家及地方经济发展提供了重要的人力资源支撑。

随着我国经济从高速增长转向高质量发展，高职教育亦从注重外延转向注重内涵、由规模扩张转向质量提升和特色发展的新阶段。2019年，"双高计划"的实施是这一转向中的重要一环。在内涵、质量、特色转向的发展之中，未入选"双高计划"的高职院校更需要分析其中的不足与面对的挑战，提出有效的发展对策。

一、"双高计划"背景下高职院校面临的机遇与挑战

（一）"双高计划"背景下高职院校面临的机遇

1.政府政策支持为高职院校高水平发展提供了重要保障

近年来，国家先后出台了一系列政策措施，从国家战略层面为高职院校的高水平发展谋篇布局。地方政府对职业教育的发展也高度重视，并且出台了政策支持本地区职业教育的发展。如山东省启动了"部省共建国家职业教育创新发展高地"，出台了《教育部、山东省人民政府关于整省推进提质培优建设职业教育创新发展高地的意见》，增值赋能职业教育，建立职业教育与普通教育并重、纵向贯通和横向融通并行的中国特色现代职业教育体系;广东省投入职业教育发展专项资金6亿元，主要用于"双高计划""创新强校工程""一流高职院校结对帮扶计划"、中职学校改善办学条件、省级以赛促教项目、职业教育与终身教育工作等;上海市发布了《职业教育高质量发展行动计划（2019—2022年）》，进一步优化产业布局，重点打造2～4所国际一流高职院校。

2."双高计划"高职院校为高职教育内涵发展提供了示范引领

"双高计划"高职院校是全国高职院校的"龙头"，引领高职院校内涵建设和改革发展，支撑国家高质量发展，势必会成为培养高素质技术技能型人才的高地，也会成为产教融合、校企合作的典范。被列入建设项目名单的高职院校将通过创新发展、深化改革，以"双高计划"的建设目标和任务为引领开展系列高质量、特色化内涵建设，逐步成为高职院校内涵建设的典范。

3.高水平专业群建设为高职院校高质量特色发展形成示范效应

"双高计划"专业群在建设目标、发展机制、组建逻辑等方面对高职院校高质量特色

发展形成了示范效应。首先,专业群建设目标指向为区域经济发展服务,面向区域或行业重点产业,对接区域产业集群发展人力资源需求,提升行业影响力,拓展国际影响力。其次,形成对接产业、动态调整、自我完善的专业群发展机制,实现专业群生态系统的优化升级。最后,专业群组建逻辑理念先进、守正创新,通过产业链式专业群、岗位式专业群、技术嵌入专业群等多样化组群方式,内外联动、集聚整合,重点从产教融合、校企合作、课程设置、师资队伍、"1+X"证书制度等方面开展实践探索,形成了高职院校发展的特色。

4.深化产教融合为高职教育构建了校企合作发展新格局

"双高计划"强力推进产教融合、校企合作,精准对接区域人才需求,与行业领先企业在人才培养、技术服务、社会贡献、就业、创业等方面深度合作,形成校企命运共同体。在深化产教融合改革下,一些产教融合型城市显现,一批区域特色鲜明的产教融合型行业呈现,大量产教融合型企业涌现,一套产教融合型制度和组合式激励政策体系出现,对高职院校创新高职教育与产教融合、校企合作发展运行模式,丰富高职院校产教融合、校企合作内涵提供了重要支撑。政府以平台建设为抓手,建立以行业为支点、企业为重点的改革推进机制,打造高质量发展的新引擎,为高职教育打开了产教融合新格局。如江苏省教育厅、财政厅订了《江苏省高等职业教育产教融合集成平台建设计划》,立项高等职业教育产教融合集成平台项目36个、平台培育项目14个,财政部门设立专项资金支持立项项目。

(二)"双高计划"背景下高职院校面临的挑战

1.聚焦高端产业,深度产教融合对高职院校提出了更高标准

大多数高职院校把校企合作作为办学的核心,校企合作为高职院校学生的实践教学与就业提供了重要支撑。高职院校通过积极探索加强校企合作,如企业创办学院、高职院校紧跟集团产业转型升级;院校与企业共建"产教园""科技园""创业园",专业整班制在园实习、实训;院校与企业共建人才培养基地、实施企业进校园、工作任务进教材、工作流程进课堂。还有部分高职院校组建教育集团,成立实践育人产教联盟,建设产业职教集团等。

"双高计划"提出高职院校要打造技术技能创新服务平台,要扎根地方特色土壤,打造特色的产教融合平台,进行紧密高效产教融合的实践活动,服务区域发展和产业转型升级,聚焦产业培养高素质技术技能型人才。因此,推动校企全面深度合作,聚焦高端特色产业发展,深化产教融合成为高职院校建设,特别是专业群建设必须关注的重点。

2.优胜劣汰的进出机制对高职院校竞争性发展提出了更高挑战

"双高计划"建设实行有进有出、优胜劣汰的管理机制,进入"双高计划"名单不等于进入"保险箱"。在五年建设期内,高职院校只有围绕建设目标精耕细作,才能在下一轮竞争中不被淘汰。相反,如果其他高校在这一时期能够直面差距,奋起直追,即便此轮未入围,将来也有可能实现逆袭。这一机制打破了身份固化、竞争缺失的痼疾,也对高职

院校提出了更高的挑战。

56 所入选高水平高职院校全部是国家示范校和骨干校，这表明教育部、财政部联合实施的国家高职示范（骨干）校建设项目成效显著，也充分发挥了示范引领作用。但非国家示范（骨干）校异军突起，在 141 所高水平专业群建设单位中，非国家示范（骨干）校有 52 所入选，比国家示范校多入选 18 所，与国家骨干校大致相当。这充分表明，部分学校适应了新时代高等职业教育高质量发展的要求在迎头赶超，也有一部分学校落伍了。

3. 对高职院校提升综合治理水平提出了更高要求

许多高职院校或多或少采用了基础教育学校或普通本科院校的管理模式，综合治理水平普遍不高，职业特色不突出。部分高职院校内部组织管理结构不清晰、管理效能低下，利益相关者参与学校管理不足，干部、教师干事创业的积极性不高，现阶段治理水平难以完成"双高计划"十大主要改革任务，不能引领新时代职业教育实现高质量发展。

二、入选高职院校概况分析

（一）入选"双高计划"高职院校概况

入选"双高计划"的高职院校，从区域分布来看，覆盖 29 个省、市、自治区，入选数量前八名的区域为江苏、山东、浙江、广东、湖南、重庆、河北和湖北。其区域分布体现出"双高计划"遴选标准兼顾区域平衡的原则。

从专业布局来看，专业群频次出现 6 次以上的专业群有机电一体化技术、软件技术、道路桥梁工程技术、畜牧兽医、电子商务、建筑工程技术。专业群的遴选体现出"双高计划"坚持质量为先、改革导向的原则，同时也体现出其鼓励特色鲜明发展的理念。

（二）入选"双高计划"高职院校的主要特征

1. 学校综合发展实力明显

入选"双高计划"的高职院校顶层设计清晰、类型特征突出、富有办学活力。对入选"双高计划"的高职院校进行分析可以发现，满足遴选标准中 9 项标志性成果的职业院校有 7 所。以杭州职业技术学院为例，该校是国家骨干高职院校，全国首创校企共同体，拥有国家级专业教学资源库 4 个、中央财政重点建设专业 4 个、中央财政支持重点建设实训基地 2 个，还有 3 个专业列入国家级现代学徒制试点、2 个专业列入"全国职业院校装备制造类、交通运输类"示范专业，累计获得国家级教学成果奖 3 项、国家级技能大赛奖 41 项。

2. 专业群建设成效显著

入选"双高计划"的高职院校率先成为专业群制度创新的引领者。以财经商贸类院校为例，本轮有 6 所高职院校电子商务专业群入选，这六所高职院校根据专业群与产业链的关系，构建以电子商务为核心专业的专业群，形成面向新商业领域的专业结构体系，践行双主体育人模式，构建工学结合课程体系，打造教学质量提升平台，筑就师资队伍建设高地，建设生产性实训基地，引领专业和产业发展，完善技术技能创新机制。

专业群对接产业吻合度高，结构的逻辑性缜密，特色带动专业的品牌化，凸显品牌效应和集群优势。如市场营销专业群对接商贸流通产业高端数字商业，以市场营销专业为引领，以电子商务、国际经济与贸易专业为主体，以商务数据分析与应用、视觉传播设计与制作专业为支撑组群。市场营销专业对应数字商业全产业链，视觉传播设计与制作专业对应前台，电子商务、国际经济与贸易专业对应中台，商务数据分析与应用专业对应后台。

3. 产教融合特色鲜明

入选"双高计划"的高职院校在组建教育集团，推动产教融合，开展与"政行企"深度合作等方面进行了共建学院等有效实践。如江苏经贸职业技术学院与企业合作成立"苏果学院""首屏学院""五星电器服务技术学院"等企业学院；长沙商贸旅游职业技术学院联合湖南省湘菜产业促进会成立了湖南湘菜学院，与京东集团共建京东集团校企合作湖南总部和京东·湘商学院；重庆工商职业学院与企业共建华为 ICT 学院、腾讯云大数据学院、华龙网移动新媒体产业学院；浙江商业职业技术学院与义乌市人民政府合作共建浙江电子商务学院；浙江金融职业学院与阿里巴巴等 110 余家企业联合办学，等等。

4. 以学生为中心理念明确

入选"双高计划"的高职院校以学生为中心，助力学生成长成才。无锡商业职业技术学院形成了"3343"商科人才培养体系；北京财贸职业技术学院开展政治素质、人文情怀、职业道德、工匠精神"四主题"财贸素养教育；江苏经贸职业技术学院将科技创新、技能水平、竞赛获奖、创新训练、创业实践、社团活动、社会实践、志愿服务八类综合素质培养实践项目纳入专业人才培养方案，列入课程学分管理，制订实践项目学分转换办法，鼓励全校学生参加各类实践活动，构建有利于学生素质拓展的实践培养体系；浙江金融职业学院实施学生"千日成长工程"，构建了关爱学生进步、关注学生困难、关心学生就业的"三关"工作体系；浙江经贸职业技术学院建设了"一人多岗、一专多能"的财经类跨专业学生综合实训平台。

5. 发展定位准确

入选"双高计划"的高职院校办学定位准确，着眼于区域发展，服务世界职业教育。如无锡职业技术学院建成智能制造特色校，为中国特色职业教育发展模式贡献"无锡职院方案"，在国内产生重要影响；江苏经贸职业技术学院提出大思政、大文化、大融合、大共享、大平台、大贡献的发展思路；山东商业职业技术学院特别突出鲁商文化特色，目标是要为世界职教发展提供"山商"方案。

三、未入选"双高计划"高职院校的不足

未入选"双高计划"的高职院校存在的问题及原因千差万别，在达到条件的基础上，能否成功入选"双高计划"，主要取决于建设目标和建设内容是否抓住了未来发展的关键

环节。

（一）重特色专业群建设，但专业群特色创新不够

几乎所有高职院校都高度重视校企合作，不断完善和订促进办法和创新举措，推动专业设置与产业需求对接、课程内容与职业标准对接、教学过程与生产过程对接。如苏州经贸职业技术学院仅 2019 年就相继出台《苏州经贸职业技术学院关于推进企业（产业）学院建设的实施意见》《苏州经贸职业技术学院"一班一企"建设实施方案》《苏州经贸职业技术学院产教园入驻企业开展校企合作工作考核办法（试行）》等文件，来推动各二级学院与企业建立长期稳定的合作关系。但多数高职院校校企合作达不到理想效果，使得专业群在建设中存在特色创新不够、发展合力不足、集群优势不能凸显等问题。专业群是职业院校的核心竞争力，专业无特色，没有建设以特色专业为龙头的专业群，自然是落选"双高计划"高职院校的重要原因。

（二）重师资队伍建设，但师资队伍力量不强

高职院校强化师资队伍建设，实施教师综合能力提升工程。如苏州经贸职业技术学院长期坚持建设省优秀教学团队、省高校科技创新团队、省教学名师、省"333 高层次人才培养工程"中青年科学技术带头人、省高校"青蓝工程"中青年学术带头人等，但师资队伍力量仍然不强，主要存在年龄偏年轻化、高职称比例偏少、高学历比例较少，特别是"双师型"教师数量不多、质量不高等问题。教学团队缺少合作机制和凝聚力，未发挥团队之间"帮、传、带"的传承精神，专业带头人和学术骨干后备力量不足。受传统观念和办学体制的影响，大部分教师服务地方、发展经济的意识不强，与企业共建科技研发平台，科技项目与支柱产业的对接，以实际行动为地方经济与社会发展服务的人数还不多。

（三）重内涵质量建设，但标志性成果不多

近年来，高职院校在内涵建设方面也取得了丰硕成果。但与"双高计划"建设标志性成果要求相比，多数高职院校的标志性特色成果不多。对"双高计划"关键标志性成果进行统计分析发现，关键标志性成果频次排名前六的分别是国家级教师教学创新团队、国家教学成果奖、国家精品在线开放课程、国家高水平专业群和国家高水平专业化产教融合实训基地。据统计数据显示，超过 60% 入选"双高计划"高职院校的标志性成果涵盖了这些指标。

四、未入选"双高计划"高职院校的发展思路

高职院校应以服务国家战略和区域经济发展需要为逻辑起点，把发展的着力点回归到支撑专业高水平发展的基点上，回归到满足师生、家长及社会的多元需求上。坚持人民性、地方性、职业性和智慧性，结合入选"双高计划"高职院校的特点和未入选"双高计划"高职院校存在的不足，对未入选"双高计划"高职院校提出如下几点发展建议。

（一）分析不足，找到差距，订提升举措

未入选"双高计划"的高职院校应认真分析不足和未入选的因素，开展学校高质量发展研究，对入选"双高计划"高职院校进行分析和讨论，找到整体差距；对照《中国特色高水平高职学校和专业建设计划项目遴选管理办法（试行）》找到目标差距；关照师生期待，对先进院校制订追赶目标和计划。高职院校学校党委要在全校统一思想认识，以党建引领全局，促进学校中心工作的开展。从教育教学的实际出发，从高职教育的规律出发，服务师生，调动全员争取企业、行业、政府、学生家长等各方共同参与，支持学校教育教学改革。学校要实施具有可掌控性和可实现性的绩效考核，以成果为导向，优劳优酬，为人才建团队、搭平台、出硕果保驾护航。同时，高职院校还要抓好干部人才建设，干部能上能下、能进能出，让敢担当、善作为的干部有舞台、受褒奖。

（二）打造重点专业群，落实"三教"改革

高职院校应当依据自身办学定位与发展优势，为构建专业群提供智慧服务，落实教师、教材、教法改革。专业群需要随产业动态改造优化，专业人才培养方案需要随合作企业个性化设计，专业课程需要随企业岗位精准实施。特色专业群建设需要与区域支柱产业、优势产业、新兴产业密切相关，建设过程要调研和科学分析学校服务的产业，在专业群的顶层设计中明确专业群的构建逻辑、核心内容、评价机制，并通过吸纳行业优质企业资源，实现专业群与产业链的全覆盖、全对接。高职院校要规划平台建设内容，争取建设一个集实践教学、社会培训、企业真实生产和社会技术服务为一体的高水平产教融合集成平台。这一平台可以吸纳高水平行业技术能手进入学校兼职教师专家库，培育一批示范型教学团队、领军型科研团队、精英型博士团队；建设一批项目、平台和改革试点，研究一套专业群核心课程教材。围绕企业真实项目、真实任务实施教学，使专业群发挥人才的集聚效应。

（三）狠抓内涵建设，提早谋划项目建设

内涵建设是一项长期复杂的系统工程，未入选"双高计划"的高职院校在新时期强化内涵建设需要坚守和提升质量的核心目标。高职院校教学质量工程项目中的教师团队建设、教学内容与教学方法的改革及教风建设是提高教学质量的重要内容。未入选"双高计划"的高职院校要在明确自己的不足和优势的基础上，设立学校发展的质量工程项目。质量工程项目需要提前谋划，提早实施，通过立项、指导、帮扶、激励等培育措施，瞄准国家级、省部级项目精准发力。教学质量工程要坚持成果导向，在实施过程中注重与实际情况相匹配，注重评价与检查。高职院校要借助评价工具，设计指标体系，以学生预期能力获得为导向，最终达到教学从注重传授知识向强化学生能力培养转变，教师从传统的知识传授者向学生导师转变，学生从对付毕业要求向对照标准提升学习效果转变，围绕学生要什么、会什么、成什么来开展教学育人工作。高职院校要营造校园内全体教职员工对学生进行思想先导、专业引导、学习指导、心理疏导、职业向导的氛围，为学生创造良好的学习环境，实现教学相长的良性循环。

（四）实施教师发展工程，全面提升教师整体素质

高职院校需通过校企双向融通、师资"互兼互聘"，形成技艺精湛、专兼结合的高素质"双师型"教师队伍，达到共享共赢的效果；加大培训和引进力度，以优越的条件吸引和培养人才，做到"放水养鱼""流水活鱼"；培养教师的专业能力、实践教学能力和科学研究能力，鼓励教师进企业实践工作，提高教师队伍的实践创新水平；建立自然科学、社会科学和教学研究团队，鼓励搭建跨专业、跨学院的混编团队，使团队形成核心、凝聚核力、产生核变。

（五）实施学生成才工程，切实提高人才培养质量

入选"双高计划"的高职院校普遍将"学生为中心"的理念贯穿教育教学全过程，多个维度形成合力，实现"三全"育人。未入选"双高计划"的高职院校要积极实施学生成才工程，二级学院要根据要求及牵头部门的具体部署，结合不同专业、不同年级、不同学生群体的需求特点，指导学生参加社团、培养特长、担任学生干部、组织学生活动、提升学生素养；引领学生明确技能方向，结对技能导师，参加技能比赛，培养核心技能；指导学生加入创新创业团队，完成创新创业实践，取得创新创业成果，培育创新精神。以学生为中心要求为学生量身定制人才培养方案，实现学生发展个性化、职业发展专业化、就业创业优质化。

（六）建设示范校园，提升学校治理水平

"双高计划"要求高职院校加快智慧校园建设，以"信息技术+"升级传统专业，适应"互联网+职业教育"的需求。高职院校要锁定发展目标，以培养高素质技术技能型人才为中心，把学校办成行业有认可度、社会有美誉度、国际有知名度的院校；内部治理要创新产教融合多元管理模式，打破学院与社会之墙、院内各专业与各部门之墙、教与研之墙、教与学之墙，做到制度管人、流程管事；改革实践要真学、真做、真得，聚焦"三教改革"，统一思想，凝聚共识，细化教师、教材、教法改革实施方案，助力学生真学、真会、真成；服务社会视野要面向脱贫攻坚主战场、助力乡村振兴，助推"一带一路"国际职业教育，力争在国家建设教育强国、人才强国战略中作出重要贡献。

第五节 "双高计划"下高职院校的内涵建设

我国教育部、财政部在 2019 年 4 月发布了《关于实施中国特色高水平高职学校和专业建设计划的意见》（简称"双高计划"）。这标志着我国在完成国家示范高职建设、国家骨干高职建设以及国家优质高职建设之后，高职教育又进入了新的建设阶段。在全球化背景下，产业之间的竞争十分激烈，我国经济从过去的注重速度逐渐转变为注重质量，技术更新快、周期不确定，所以企业对技术技能就业者提出了更高要求。由此，高职院校也需要

从重视规模发展转为重视内涵建设。由此本节分析探究了"双高计划"下高职院校的内涵建设。

一、什么是"双高"

"双高计划"全称为"中国特色高水平高职学校和专业建设计划",对高职院校来说,"双高计划"是我国在国家示范高职院校之后的又一重要决策规划。如果和普通高校的项目建设做对比,国家示范高职类似985、211,而"双高计划"则为能够替代两者的"双一流"。在2019年12月,我国教育部、财政部公布了"双高计划"建设名单,一共有197所,囊括56所高水平学校建设高校及141所高水平专业群建设高校。这些学校的选拔充分遵循了"扶优扶强,不搞平衡"的原则,选出的学校也体现了质量为先、突出高就业率、高毕业生水平、高社会支持度、注重校企合作、开展实训效果好等优势。

"双高计划"的实施着重整体规划、分层推进。整体规划为"双高"全局意识的体现,随着国家对职业高等教育支持的不断加强,社会也逐渐形成了发展职业教育的共识,高职院校办学条件、社会环境得到改善。为拉近职业教育在地区间、城乡间的差距,提升职业教育优良率,国家有必要全面统筹、兼顾多方面来实现高职院校的升级提档。分层推进为"双高"优先战略的选择。随着职业教育生源渠道的多元化和办学层次的丰富化,其办学水平不足、发展速度缓慢等问题逐渐暴露出来。所以,国家站在全局的层面来推行"双高计划",分层推进高职院校发展,先建设一批有鲜明特色的一流名牌高职院校,为其他院校做榜样,产生带动效应。

二、高职院校内涵建设中的问题分析

(一)顶层设计缺乏长远性与全局性

顶层设计最早是由工程学概念引进的,其意思为:从最高端到最低端、从一般到特殊展开系统推进的设计方法。顶层设计从实质上来说需要贯穿系统理念于系统内各子系统中,然后再逐级向下一级系统延伸,直到阐明系统基本要素。但当下,虽然提出了"双高计划",但我国大部分高职院校在顶层设计方面缺乏长远性和全局性。一些高职院校因为高等教育的普及和大学适龄人口的减少,而不顾自身办学优势和办学条件,一味地迎合招生市场需求,开设好招生、办学成本低的专业,这都是顶层设计缺乏长远性和全局性、办学定位不清晰的表现。

(二)专业建设缺乏特色性与创新性

当下高职院校存在固有路径依赖、专业建设缺乏特色性与创新性的问题。其一,思想上依赖,高职院校仍依赖政府、教育部门的统一规划指挥,缺乏自主发展创新的意识,当教育部门放权时,高职院校便显得无所适从。其二,行为上依赖,高职院校因为在建设一些单位重大项目时形成了一定经验，所以，在推进"双高计划"内涵建设的过程中，容易不自觉地沿用老想法、老办法、老习惯，善于走老路，因此无法突破既往办学的舒适区，在衡量创新可能带来的风险时，更倾向于固守陈旧。无论是思想还是行为上的依赖，都会导致特色、创新不足的问题，只有切实解决这些问题，才能将内涵建设落实。

（三）社会服务能力缺乏主动性与积极性

我国高职院校内涵建设也面临着社会服务能力缺乏主动性与积极性的问题。一方面，虽然高职院校和企业的接触频繁，但两者是不同的性质，因为学校服务社会的积极性不足，所以双方的合作缺乏紧密性；另一方面，在高职教育快速发展的当下社会，高职院校承担着培养高水平技术人才的职责，学校教师身兼数职，教学任务繁重，导致学校、教师的社会服务主动性不足，无法深入社会实际、了解社会需求，无法加强和企业之间的联系。这一问题也需在内涵建设中得到解决。

（四）师资队伍结构缺乏合理性与先进性

当下，虽然许多高职院校在积极响应国家提出的"双高计划"来开展内涵建设，但要面对诸多问题，其中之一便是师资队伍结构缺乏合理性与先进性。结构不合理体现在专任教师的数量不足，显著低于高职院校评估规定的标准，特别是热门专业的教师需求量大，教师数量却短缺。并且在年龄结构方面呈哑铃状，中青年骨干教师少、出现断层。另外，教师学历层次不高，职称结构也不均匀。结构不先进性体现在学校"双师型"师资队伍建设和高职院校评估规定仍存在较大差距，传统理论型教师队伍结构不利于"双高计划"的实现。

三、"双高计划"下高职院校内涵建设的机遇研究

（一）科学定位，宏观设计，全局规划

因为"双高计划"肩负着指引职业教育发展、凸显职业教育特色、培植一流职业院校的使命，所以，高职院校在内涵建设的过程中，先要坚持职业教育属性定位，以"职业性"为内在逻辑，再追求体现"高等性"特征。同时还要坚定面向市场、服务发展、促进就业的办学定位，引入市场竞争机制与资源配置机制，来对接经济和产业发展所需，形成办学特色，助力办学优势，实现职业教育的高质量发展。而基于"双高计划"的宏观性，高职院校还需做好宏观设计、全局规划，把握"一个定位、两个支点、三个要求"，立足于职业教育整体发展来打造技术技能人才培养高地与服务平台，建设起"当地离不开，业内都认同，国际可交流"的高职院校。除此之外，高职院校要进行全局规划，突出办学特色，在强化本校优势的同时，推动全局建设。像是有些高职院校在专业群建设、课程建设和人才培养方面进行重点突破，以"双高计划"为主导来引领其他学校项目建设，如此既能形成合力来促进高职院校的内部建设，又能带动同类高职院校的发展。这里的规划思路并非只建设几个点，而是通过某几个点建设来带动全局建设的一种规划思路。

（二）总结提炼，精准扶持，做强做优

在"双高计划"下，高职院校内涵建设需要更新教育教学观念，树立先进办学理念，突出办学特色。办学特色是需要挖掘、总结、提炼的，每所高职院校的特点、历史、优势都不同，其办学特色也不同。办学特色并非在于一所学校有多少大楼、多少学生，而在于其在一定办学思想指导下和长期办学实践中逐渐形成的创新、优质、独特的革新风貌，是学校办学优势、水平的集中体现。学校在明确办学特色之后，才能够精准扶持，并迎合教育部、财务部"双高计划"专业群立项建设，来实现做优做强。一方面，企业需要避免急功近利增加热门专业，通过调查研究与顶层设计，来重点扶持一批特色鲜明、发展潜力大的专业或项目，集中力量打造高辨识度教研平台或服务平台，稳步培育学校特色专业。另一方面，虽然当下我国高职教育成了高等教育重要的一部分，但其在高等教育体系中仍处于弱势地位，想要改变这一问题，就需要彰显其办学优势，建设特色专业群。学校可以整合校内资源，筛选出好的特色专业来作为承载学校办学特色的载体，整合多个专业为专业群；也可以创新高职院校的办学体制和机制，激发办学内在动力，突破过去校企合作的固定模式，吸引更多企业参与到内涵建设特色办学中来，结合企业优秀管理经验与理念，一同提升学校办学效率，将学校、专业群做强做优。比如江西交通职业技术学院，其道路桥梁技术专业群，便是基于其办学特色，整合道路桥梁工程技术、地下隧道工程技术、建设工程建立技术、道路养护和管理技术等多个专业为一体形成的专业群。该专业群能最大程度地发挥专业集群效应，能满足相关企业对公路基础设施建设方面人才的需要。

（三）紧贴需求，主动服务，扩大影响

社会服务能力是高职院校的重要职能，在"双高计划"下，高职院校需紧贴地方经济发展需求，根据"中国制造2025""一带一路"等重要国家战略，为经济社会、企业发展提供多样丰富主动的社会服务。同时，针对企业行业，进行产品研究开发，进行技术推广创新，并联合一些优秀工匠、技术大师、非物质文化遗产传承人来建立工作室，实现技术技能的积累发展。当下我国对社会的贡献度还有待加强，建设高水平高职院校不单单要为企业培养高水平技术人才，还需强化主动为社会服务的意识，为社会、企业提供自身力所能及的特色服务，实现科学成果和应用技术之间的互相转化。当下，"双高计划"立项建设的高职院校在不断努力，积极搭建成人继续教育培训机构，建设线上教学资源的共享平台，辅助"退下农新"群体技能培训与学历提升。未来，高职院校内涵建设还需大力建设产学研技术转化机构，组织研发团队，发扬创新动力，打造灵活机制、高效产出的技术服务平台，以实现影响最大化。

（四）专兼互补，产教融合，完善结构

其一，高职院校内涵建设离不开师资力量做支撑，以往高职院校"双师"教师比例较小，来源渠道也单一，存在动手能力弱、实践教学能力不足的问题。对此，又要采取专兼互补的模式，形成专职教师和兼职教师配合的教育教学团队，校内专职教师向校外兼职教

师学习实践技术技能，校外兼职教师向校内专职教师学习理论教学知识。两者结合一起组建"双师型"师资队伍。完善师资结构，是当下高职院校师资队伍建设的重点。其二，高职院校需要推进产业融合，激活办学活力。产教结合一直都是职教的永恒主题，"产教融合，校企合作"也是高职院校内涵建设的重心之一。为此，学校需要强化校内外融合，把车间和教室结合，将生产和教学结合。同时，紧密校企合作，发扬校企管理一体化优势，立足校企长效联动机制，来基于校企实训基地进行本土化学徒制人才培养。

"双高计划"和我国示范高职建设、优质高职建设是一脉相通的，是紧跟社会经济发展步伐、与时俱进的体现。在"双高计划"下，高职院校需要积极创新，科学定位学校办学特色，做好全局发展规划；并总结提炼办学特色，精准扶持特色专业做强做优；同时紧贴经济发展需求，主动积极提供社会服务，扩大学校影响力。最后还要建设专兼互补师资队伍，完善师资结构，实现产教融合。未来，相信在"双高计划"的推动下，我国高职院校通过内涵建设，一定能形成一批凸显中国特色、满足产业发展、引领职教改革、接近世界水平的高职学校与专业群。

第四章 "双高计划"背景下职业高等教育发展研究

第一节 "双高计划"下高职教师培训的逻辑起点

2019 年，国家启动了"双高计划"建设，目标瞄向中国特色、世界水平的高水平高职院校和专业。"大学乃大师之谓也"，对于高职院校而言，"'双高'乃双师之高也"，打造高水平"双师型"师资队伍既是"双高计划"改革任务的核心议题也是推动"双高计划"改革的第一资源。教师培训是有效促进教师专业发展的重要举措，对教师培训逻辑起点的研究有助于把握正确的培训方向，更加准确地遵循教师培训的规律。然而，高职教育实践性强、行业属性突出以及"双师型"教师发展难度大的特点，教师培训工作始终存在"诟病"，在"双高计划"建设的关键期，有必要再次梳理高职教师培训。本节以广东轻工职业技术学院教师发展中心培训为例，探索教师培训的逻辑起点、进路并提出完善策略。

一、起点要素："双高计划"背景下高职教师培训的逻辑起点

教师培训的逻辑起点是指教师培训工作者从事教师培训工作所具有的基本理念、指导思想，是最基本、最关键也是必不可少的要素。

（一）指向学生，对接高级技术技能人才的培养

"指向学生是教师专业发展的逻辑起点，教师专业发展的目的指向学生需求，成效关乎学生成长，发展水平需要依托学生验证。"教师培训作为促进教师专业发展的重要途径，通过培训从教育教学方法、教学设计、专业知识、专业实践等方面促进教师专业行为的改变与素养的提升，就本质而言，这些专业发展行为是人才培养需求对教师专业素养提出的需求。首先，教师培训的宗旨和目标要对接人才培养的目标和宗旨。人才培养质量是高职院校生存发展的生命线，任何形式的教师培训从直观上来说是促进教师的专业发展，而从本质上来说是要通过教师的发展来提高人才培养的效果与质量。其次，教师培训的内容和形式要对接人才培养的需求。"双高计划"提出了建设中国特色高水平高职教育的目标，实施涉及"1+X"证书、产教融合、集团化办学、"三教"改革及高质量服务区域经济发

展等系列改革，是要从根本上解决教育链、产业链、人才链的适配问题。教师作为其中关键的一环，教师培训始终要密切对接人才培养的需求，人才培养需求进行调整和改变必然会推动教师培训的内容和形式进行改革。最后，教师培训的效果和评价要对接教学质量和学生的发展。教师和学生是教学中的两大主体，教学质量和学生发展水平是衡量教师教学水平最根本的依据，因此教学质量和学生发展是对教师培训效果和评价的关键因素，教师培训引起的教师专业行为的改变最终的落脚点是教学质量和学生发展。

（二）培训取向，瞄准高水平"双师型"教师建设目标

所谓培训取向，简而言之就是以某种特定的价值理念，通过设计、组织有关培训要达到的直观的培训目的。任何教师培训项目都具有其特定的宗旨和取向，明确了培训取向才能更好地设计培训内容和培训流程，进而实现培训目标。"双高计划"明确提出了以"四有"标准打造数量充足、专兼结合、结构合理的高水平"双师"队伍为师资建设目标。由此，不难理解高职院校的教师培训是要围绕"四有"标准、"高水平""双师型"来开展的。其一，掌握"四有"标准的价值导向。教师培训不仅要实现知识传递、经验分享而且要实现价值传输，要让"有理想信念、有道德情操、有扎实学识、有仁爱之心"成为教师培训中的价值引领。其二，把握"高水平"的建设起点。所谓高水平是一个相对概念，对于高职教师培训而言，可以从时空的维度来理解，一方面现在的培训比以往的培训在规格、要求、水平上有一定幅度的提升；另一方面和国际职业教育发达地区相比，教师培训在内容、形式、效果上能够旗鼓相当。其三，掌握"双师"教师培养规律。"双师"素质是高职师资队伍建设不可偏离的原则，掌握"双师型"教师培养规律是关键，并且在教师培训项目设计、培训内容选择、实施培训方法选择上尊重"双师"教师专业成长的规律才能提供更加科学合理的培训。当前，"双师型"教师的培训缺乏行业（企业）的参与是普遍存在的问题。因此，健全普通高等学校与地方政府、职业院校、行业企业联合培养教师机制，发挥行业企业在培养"双师型"教师中的重要作用是关键，要充分发挥"双师型"教师培训基地、"双师型"名教师工作室在策划培训方案、组织培训实施、评估培训效果过程中的作用。

（三）需求导向，满足多元化的发展需求

马斯洛理论认为"人的行为是由主导需求决定的"，教师培训行为亦是源于需求。教师培训源于多元化的需求，既包括教师个体由内而生的需要也包括满足教学活动、应对时代发展等对教师素养提出的培训需求。一是教师个体发展的多样化需求。高职院校教师队伍是由差异化的个体所组成的，教师个性化发展的需求是教师培训中不可回避的难题，不同来源、不同专业发展阶段、不同专业技术等级的教师都有自身专业发展最为迫切需要的内容，因此构建分类分级的教师培训模式是教师培训改革的重要任务。二是教师适应时代发展的需求。教育活动具有明显的时代特征，在信息化 3.0 时代，深入推进"中国制造2050"背景下，新工艺、新技术、新设备、新材料已经给教育带来了颠覆式的冲击，知识更新周期缩短，并且随着"1+X"证书的实施，国家职业教育体系系列改革等诸多新形势

下的新要求，教师培训只有尊重行业发展规律，不断地研究新情况、新问题、新技术，不断地引导教师对教学实践进行反馈，才能提高教师专业素养，提升教学质量。三是教师服务国家特色职教发展的需求。"双高计划"不是普通意义的职业教育改革，而是肩负着引领我国职业教育高质量发展，形成中国特色职业教育发展模式的使命。"中国特色"是"双高计划"的重要议题，因而教师培训不是简单的借鉴发达国家的职业教育经验、模式，而是要探索体现中国特色的高水平教师培训模式。

二、内涵关系：高职教师培训逻辑起点要素之间的关系审视

教师培训的逻辑起点不是单一的，而是源于多种要素共同构成的，各要素之间并非割裂独立的关系，而是互为主次、相互作用的关系。所谓互为主次关系是指各逻辑起点要素之间本身也存在终点、起点和路径的关系，对接人才培养是培训的终点，培训取向是培训的起点，需求导向是培训的路径和方法。其一，对接人才培养是培训的终点，是教师培训的终极目标，是所有逻辑起点的最终落脚点。人才培养是高职办学存在的根本意义，是其区别于其他科研单位、企业行业的根本特征，通过深入学生群体、深度了解学生、深刻分析学情，才能有针对性地发现教师专业素养的不足，进而能够发现教师的培训需求。其二，培训取向是培训原点，是培训的直观目标，是培训项目宗旨、方向、对象的体现。任何教师培训项目都具有其特定的宗旨和取向，明确了培训取向其实就是明确了培训目标、培训要求和要实现的效果，这样才能更好地设计培训内容和培训流程。其三，需求导向是培训的路径。马斯洛理论认为"人的行为是由主导需求决定的"，教师是培训工作的直接对象，因此教师需求是教师培训工作的第一要务，需求导向是设计培训内容、选择培训方法，引导教师主动、自我发展的根本方法和路径。

所谓相互作用是指逻辑起点各要素之间存在相互渗透和相互制约的关系。一是无论是指向学生还是培训取向的要素最终都会以某种需求的形式表现出来。这种需求可能是教师个人意识到自身在育人工作中存在不足而自发产生的培训需求，对教师个体而言，是内生型的需求；也可能是时代发展的新动向、人才培养的新要求、高职教育的新使命、国际社会的新形势要求教师参加的培训需求，对教师个体而言，是外生型的需求。二是培训需求受到人才培养、培训取向的制约，从某种程度而言也是人才培养和培训取向的表现。指向学生、培训取向和需求导向三大要素之间没有严格的界限，不能完全割裂开来分析，例如，指向学生是教师存在的意义，学生对知识、能力、素养的发展需求必然会反推教师要有某种素养和能力，"双师"素质也可以理解为高素质技术技能人才培养需求对教师素养需求的反映。

三、逻辑进路：高职教师培训项目实施的逻辑进路

逻辑起点是培训项目设计、实施的落脚点，要提升教师培训的针对性和实效性，必然

要遵循教师培训的逻辑起点。需求是其他逻辑起点映射在教师发展中的表现形式，因此满足需求是完善高职教师培训项目的方法和路径，也是教师培训项目实施的逻辑进路。

（一）精准把握外生型需求，科学规划教师培训

当前，培训需求分析主要是运用OTP模式与绩效模式两种分析模式，这两种培训需求分析模式在实际操作中往往是"自上而下"的落实路径，容易造成教师外生型培训需求集中在"专家预设的培训问题""行政导向的培训需求""领导个人风格的体现""参照借鉴来的培训项目"等方面，而这些可能并非是教师胜任教学工作所需要的培训需求。精准把握外生型需求的关键是紧扣教师培训的逻辑起点，"双高计划"提出了"着力培养一批产业急需、技艺高超的高素质技术技能人才"的要求。因此，在分析教师培训需求时应该关注人才培养的需求，精准对接人才培训目标、规格，要能通过教师培训来满足学生发展的需求，最终促进人才培养质量的提升。

紧扣教师培训的逻辑起点，科学规划教师培训可以从制度建设、体系建设、项目设计与实施三方面着手。其一，制度建设，规范教师多样化的培训需求。制度建设是开展培训的保障和依据，"双高计划"建设中提出了"全面落实教师五年一周期的全员轮训制度，对接"1+X"证书试点和职业教育教学改革需求"等系列要求，作为执行层面的高职院校要对应订满足高水平"双师型"教师队伍建设的培训制度，例如，教师赴企业实践管理制度、教师培训管理制度、教师培训评价等。其二，体系建设，健全教师培训管理与服务。构建分类分层的培训体系，从类别上划分为国家级培训、省级培训、国（境）外培训和校本培训；从层次上划分为新入职教师、青年教师、普通教师、企业工作背景教师、骨干教师、高层次人才、教育家型教师七个层次。根据七个层次教师的不同外生型培训需求，在四个类别中设置各有定位，又互相错位的菜单式培训项目和课程，供教师选择参加。其三，项目设计与实施，遵循教师培训的逻辑起点，高职教师培训内容可以分为三个方面：指向学生与培养高级技术技能人才相关的培训，如教育学的基本原理、学生学习心理、教学设计技巧、课程建设及管理、职业技术技能等级证书、专业知识技能等；紧扣培训取向的内容，如"四有"素养培训、赴企业专业实践、"1+X"等级证书的培训等；与个人需求相关的培训，包括个人兴趣爱好相关培训、个人专业发展的个性需求培训等。培训形式也要与高职教育的特点相吻合，可以是在线研修、校企联合指导、体验式教学、案例教学等培训形式。

（二）合理引导内生型需求，激发教师参与培训的动力

教师内生型培训需求是体现在教学活动、学术活动等有关个人职业发展的相关领域的需求，本质上是以培养高级技术技能人才为核心的系列专业素养提升的需求。对接高级技术技能人才培养，瞄准高水平"双师型"教师建设目标逻辑起点视角下的教师需求分析是将重点放在关注教师学会教学、不断习得与教师有关的专业知识、技能、角色期望和规范的社会化过程。

教师内生型的培训设计和开展，需要准确地掌握教师专业发展的态势、突出教师在培

训中的主体地位、打破时空的局限。一是建立档案，准确掌握教师专业发展态势。以凸显对教师职业生涯规划的动态记载为抓手，根据精准诊断、个性培养、过程追踪的思路，利用现代信息技术建立教师个人业务档案，掌握教师的基本情况，追踪其成长历程，精准诊断教师发展需求，为其专业成长提供个性化的"培训菜单"。二是教师为本，突出教师在培训中的主体地位。培训项目开发与设计要充分展现教师在培训中的主体地位，让教师能够参与设计、选择培训项目；培训内容和培训方式的选择要在充分调研的基础上，开发符合教师内生型需求的培训项目；培训评价和反馈要关注教师反馈的评价信息，修改建议和真实感受。三是丰富形式，打破时空局限。教师内生型的需求，特别是个人兴趣爱好方面的内容往往是少数的、独特的、持久的，以往统一的、固定的、短期的教师培训形式无法满足这些需求，教师的培训需要变得更为开放、个性化、可持续。因此，未来的教师培训模式会朝着打破时空局限的方面发展，应以面对面教育为主，远程教育为辅，实现线上、线下交流互动与共享。

（三）多措并举多方联动，促进内生型和外生型培训需求的平衡

教师内生型培训需求是自主生成的，具有个性化、自由化的特点，注重教师个体感受和情感投入；教师外生型需求是强制规定的，具有统一性、标准化的特点，关注知识、技能获得以及组织、岗位的胜任力。可见，内外培训需求存在矛盾性与统一性、系统性与复杂性的特点。因此，教师培训工作需要紧扣立德树人的逻辑起点，加大培训力度、加强多方联动，解决内生型培训需求和外生型培训需求的矛盾。

其一，扩大面向，建设教师发展分中心。遵循教师发展中心"自上而下"的建设逻辑，以学校教师发展中心为主体，联合各二级学院（部）组建教师发展分中心，推进落实分类分层培训模式。二级学院（部）教师发展分中心是校级教师发展中心的延伸与拓展，是围绕专业实践能力提升、职业技能培训方面的延伸，是围绕扩大培训范围的拓展。就组织结构而言，可以由学院主管教学的副院长兼任分中心主任，工作人员则由各专业（群）带头人、教研室主任兼职。学校教师发展中心与分中心联合打造个性化培训"菜单"，根据分类分层的教师专业标准体系对应建立健全分类分层培训的模式。学校教师发展中心面向全体教师开展思想政治教育，师德师风培养，教育教学方法、技能培训，国家职业教学标准，国家职业标准，专业实践能力提升，创新创业、信息化综合素养，国际化视野，职业能力素养等教育理论技术、综合素养类培训。同时与各分中心联合开展面向具体专业（群）教师开展实践技术技能、"1+X"证书考证、教师赴企业专业实践、五年一周期轮训等培训。根据分中心掌握各专业（群）教师的发展需求以及行业最新技术、动态的情况，结合"双高计划"建设要求，对新入职教师开展科学诊断，坚持"缺啥补啥"原则，为新教师提供个性化的培训"菜单"。

其二，校企合作，联合设计"双师型"教师培养项目。鉴于当前"高职院校教师发展中心所承担的职能任务与促进教师更加紧密联系产业发展、紧密跟踪行业（企业）技术创

新、不断提升实践教学能力、落实'完善教师定期到企业实践制度'等要求仍不能有机衔接，企业更多的是被动参与教师发展与成长过程，缺少有效平台支持、制度保障和长效机制"的现状，结合"双高计划"师资培训的逻辑起点，高职院校要与行业（企业）深度合作，共同开展师资培训，建设企业（行业）技术技能大师库，聘请技术技能大师、行业领军人才，发挥大师的实践经验和先进技术，服务学校教师专业发展。通过校企共建技能大师工作室，依托工作室建设，挖掘、培养师资培训师，签约校外导师，聘请来自企业的技能大师、工匠名师等为工作室负责人，通过"传—帮—带"的形式培养学校青年教师。

其三，分类培训，设计多样化的教师培训项目。根据人才培训、培训取向及教师个人发展需求，设计不同的教师培训项目。遵循"双师型"教师发展规律，分类规划好新入职教师、青年教师、普通教师、骨干教师、高层次人才、教育家型教师等不同类别的教师发展培训，开展"一周一活动"的培训工作；设计专项培训，有针对性地提高教师综合素养，包括信息化素养专项、专业实践能力提升专项、国际化视野专项等，如信息化综合素养提升项目培训，瞄准新一代信息技术及前沿理念，将5G、人工智能、虚拟现实等新一代信息技术引入课堂，培养教师开展项目化教学方法、手段，引导教师信息化教学手段改革。

其四，分层开展，打造校本和校外联动的教师培训机制。紧扣教师培训的逻辑起点，以校本培训为主体，将专业实践能力提升、"1+X"证书素养、课程思政教学能力等内容融入岗前培训和岗位培训之中。充分利用好校外培训的师资优势，联合企业、本科院校等，依托"双师型"教师培训基地、"双师型"名教师工作室等，多方联动组织教师综合素养提升研习营、专题进修班等，有序组织教师参加省培和国培。

其五，多方联动，加强针对性的培训项目设计及实施。"教师发展"不是仅仅依靠教师发展中心一个部门"单打独斗"就能完成的，涉及的部门和工作内容较多，需要多部门的联动才能更好地为教师提供合理的培训服务。基于党委对学校师资队伍发展的总体规划，在落实培训过程中根据具体发展任务，教师发展中心可以联合不同部门或多个部门开展培训工作。例如，教师发展中心联合科研处，开展促进教师科研能力提升的"研习营"、科研技术服务团队沙龙、领军拔尖人才工作坊等；联合教务处开展"课程思政"讲座、"课程思政"名师课堂观摩；联合现代信息技术中心，设计教师信息素养提升培训项目等。

第二节　"双高计划"背景下高职院校双师队伍建设

教育部、财政部发布的《关于实施中国特色高水平高职学校和专业建设计划的意见》（教职成〔2019〕5号，以下简称"双高计划"）对高职院校明确提出"加强党的建设、打造高水平双师队伍、提升校企合作水平"等10项改革发展任务（即"一个加强、四个打造、五个提升"）。可见，打造高水平双师队伍是"双高计划"项目建设的重要内容，也是所有高职院校的重要工作目标和改革发展任务。

一、"双高计划"双师队伍建设目标任务解析

"双高计划"中"打造高水平双师队伍"的具体改革发展任务，可以从以下五个方面进行理解。

第一，以"四有"为标准，建设一支数量充足、结构合理、水平高超，满足高职院校建设与发展要求的双师队伍。何谓"四有"标准？2014年9月9日，习近平总书记在会见庆祝第三十个教师节暨全国教育系统先进集体和先进个人表彰大会受表彰代表后，考察北京师范大学时强调广大教师要做"有理想信念、有道德情操、有扎实知识、有仁爱之心"的"四有"好老师，为发展具有中国特色、世界水平的现代教育，培养社会主义事业建设者和接班人作出更大贡献。数量充足，就是要求高职院校的生师比至少要达到我国普通高职院校办学条件规定的合格标准；结构合理，就是要求高职院校教师的职称结构、年龄结构、学缘结构，特别是双师结构要达到国家的规定要求；水平高超，就是要求高职院校教师的能力和素质要满足高素质技术技能型人才培养的需求，尤其是在面对新兴技术、新兴产业、新兴业态、创新创业、"互联网+"等时代潮流时，能以教学理念更新、教学内容改革、教学方法创新、教学手段变革为抓手，全面提高教育教学质量。

第二，培育或引进一批专业群建设带头人、骨干教师、技术技能大师，也就是要求高职院校强化政策倾斜保障和加大资金投入力度，"培育"与"引进"相结合。"培育"就是立足从在职教师中着力培养一批熟悉企业生产工序与工艺流程、能解决企业生产实际难题的专业带头人、骨干教师；"引进"就是从行业企业中，努力引进一批行业有影响、国际知名的绝技绝艺技术技能大师来校担任专职教师。

第三，完善领军人才、大师名匠兼职任教方案，健全工作机制，建立工作标准，明确薪酬待遇，吸引行业企业权威专家和大师名匠来校兼任实践教学课程，领衔专业群的建设与发展。同时这也是提升兼职教师队伍质量，改善双师结构的重要途径。

第四，建立和健全教师职前培养、入职培训和在职研修全过程培养体系。要通过校企合作建设教师发展中心，开展教师发展理论研究，发挥专业带头人和骨干教师"传帮带"作用，发挥为教师提供专业研修，为提升教师教学和科研能力服务。

第五，创新教师评价机制，建立绩效工资动态调整机制。要完善师德师风、教育教学、科学研究与社会服务等方面的考核评价标准；强化绩效考核，依据考核结果动态调整绩效工资；改革职称评聘办法，优化用人机制和绩效工资分配方案。

二、"双高计划"背景下高职院校双师队伍建设现状分析

（一）高职院校双师队伍"四有"好老师现状

作为新时期师德建设的新内涵、新标准，"四有"好老师有助于教育研究者和教育实践者更好地理解当下师德建设的本质意涵与内在逻辑。当前，高职院校教师队伍"四有"

情况如何？值得调查研究。

根据"四有"好老师标准，结合国内已有研究和高职院校双师队伍特点，本研究将有理想信念、有道德情操、有扎实知识、有仁爱之心作为四个一级维度，并从这四个一级维度的本质内涵出发，又细分为远大理想、坚定信念等八个二级维度，科学观念、远大抱负等16个三级维度。为判断这些维度是否都与高职院校双师队伍实际情况相符，本研究聘请相关专家对问卷进行了评价、修订，然后通过发放初始问卷及其相关数据分析，最终确定正式问卷。

为了更好地对高职院校教师与中小学、中职、本科教师"四有"各维度的差异情况进行分析，本研究基于PISA2015分别面向高职院校管理部门、双师教师和学生发放正式问卷。调研涵盖我国七个省市，共收回109所高职院校管理部门问卷、1077名教师问卷和3858名学生问卷。经整理，有效问卷分别为103、1001、3520，有效率分别为94.5%、92.9%、91.2%。采用SPSS26对数据进行描述性统计（数据的频数、集中趋势、离散程度分析等）、单样本t检验、方差分析法等。

从各维度的得分情况来看，高职院校与其他类型学校教师在科学观念、远大抱负、科学思维、信仰真理、职业道德方面的得分均较高，且无显著性差异。然而，在敬业精神上，高职院校教师相对落后于其他类型学校的平均水平（敬业精神：M高职院校$=3.08 < M$其他类型学校平均值$=3.27$；$t=18.51$，$p<0.001$）。在专业知识、相关知识、创新意识等维度，高职院校也略低于其他类型学校的教师（其中专业知识：M高职院校$=3.10 < M$其他类型学校平均值$=3.61$；$t=30.99$，$p<0.001$）；而技术技能维度高职院校得分稍高（技术技能：M高职院校$=3.66 > M$其他类型学校平均值$=3.41$；$t=34.97$，$p<0.001$）。在生生平等、师生平等方面，高职院校与其他类型学校的教师得分无显著性差异；而在联络互动、人文关怀方面，高职院校教师的得分低于中小学，高于本科院校（M本科院校$=2.79 < M$高职院校$=2.89 < M$中小学$=3.28$；$t=6.18$，$p<0.001$）。尽管社会变革对极少数教师的理想信念有负面影响，但从调查结果来看，在理想信念方面各类学校的教师队伍整体上较好。在道德情操的敬业精神维度，高职院校教师得分偏低，亟待加强。在扎实学识方面（包括专业知识服务教学、职业发展意识等题目），高职院校教师的得分最低，这说明大部分高职院校教师自我提升意识不强，对相关学科及专业知识缺乏系统的了解和整体的认识，高职院校教师在专业知识方面具有较大的提升空间。此外，在关爱学生、构建和谐师生关系方面也有待加强。

（二）高职院校双师队伍数量与结构现状——以江西省六所"双高"院校为例

为了解高职院校双师队伍数量与结构现状，现以江西省2019年入选国家"双高计划"的六所高职院校为例进行分析。

江西省入选国家"双高计划"的高职院校分别是九江职业技术学院、江西财经职业学院、江西应用技术职业学院、江西交通职业技术学院、江西环境工程职业学院和江西外语外贸职业学院。其中，九江职业技术学院为中国特色高水平高职学校建设单位，其余五所学校为中国特色高水平高职专业群建设单位。现将该六所学校用 A、B、C、D、E 和 F 表示（考虑到某些数据的不宜公开性，上述学校与 A、B、C 等不一一对应）。

我国普通高职院校办学条件标准规定，生师比优秀标准为 16：1、合格标准为 18：1、黄牌标准为 23：1。高职院校 A、E 和 F 达到了优秀标准，高职院校 C 为合格，而高职院校 B、D 则在合格标准与黄牌标准之间，特别是高职院校 D，其师资数量明显不够。从结构上来看，《教育部关于职业院校专业人才培养方案制订与实施工作的指导意见》（教职成〔2019〕13 号）提出：职业院校实践性教学学时原则上占 50% 以上。《教育部财政部关于进一步推进"国家示范性高等职业院校建设计划"实施工作的通知》（教高〔2010〕8 号），要求高职院校兼职教师承担的专业课学时比例达到 50%。由此可见，高职院校至少 25% 的专业课程要由行业企业的能工巧匠（兼职教师）来承担。由此推算，专、兼职教师的比例应小于或等于 4：1，而上述的高职院校 B、D 和 F 专、兼职教师比分别 4.7：1、5.1：1、4.9：1，均不符合该标准要求，即这些高职院校教师队伍的双师结构不尽合理。

从以上分析可以看出，不论是从双师数量还是从双师结构上看，江西省 2019 年入选国家"双高计划"的六所高职院校都不能达到相关要求，其他普通高职院校的双师队伍更是可想而知。

（三）高职院校双师队伍引进与培养机制现状

从双师引进机制来看，目前我国高职院校教师入职标准要求偏高，既要有研究生学历又要求有企业工作经历，而且还有年龄限制。来自高校的毕业生有学历但缺乏实践经历，来自企业的技术人员有实践经历但往往学历不够。有的应聘者两个条件都满足，但年龄又过大，因而很多优秀人才不能被引进而被挡在高职校门外。从引进高精尖、领军人才、大师名匠的条件来看，高职院校给予的政策和待遇往往比本科院校还要低，这些高层次人才自然会选择去更有发展前途的本科院校任职。

从双师培养机制来看，《国务院关于大力发职业教育的决定》（国发〔2005〕35 号）提出，建立职业教育教师到企业实践制度，专业教师每两年必须有两个月到企业或生产服务一线实践。同时国家要求应对教师进行职前培养、入职培训和在职研修，但是目前我国职教教师培训制度不够健全，没有专门的培训教材和资料。而且一些高职院校对培训不重视，没有针对性地进行规划和安排教师培训；一些高职院校培训经费紧张或者教师授课任务繁重，无暇参加相关培训；一些年龄较大的教师又对新技术、新技能难以接受。教师在企业顶岗挂职锻炼也存在不少问题，锻炼效果无法保证，诸如教师大多缺乏充裕的时间、企业缺乏配合该项工作的积极性、校企双方缺乏对该项工作的监管，使该项工作常常处于"放羊"状态。再者，"双师"培养还包含兼职教师教育教学能力的培养，而该项工作大多数高职院校处于停滞状态。

可见，我国高职院校的双师队伍职前培养、入职培训、在职研修体系尚未形成，双师队伍引进与培养机制有待进一步建立和完善。

三、"双高计划"背景下高职院校双师队伍建设路径

为了有效解决目前存在的问题，确保高职院校能按质按量高水平地加强双师队伍建设，本研究认为，高职院校必须有针对性地实施五大工程，即：强德强基筑巢工程、培育培养引进工程、兼职领军人才工程、教师职业发展工程、评价考核评聘工程。

（一）强德强基筑巢工程——德能双育培养"四有"双师团队

坚持"四有"标准，实施强德工程。坚持"四有"标准就是要求高职院校要以习近平新时代中国特色社会主义思想为引领，厚植爱国主义情怀，潜心立德树人。要实施"立德树人"，高职院校的双师队伍首先自身必须要有崇高的理想信念、高尚的道德情操、扎实的学识技能、拳拳的仁爱之心。理想信念是好老师的灵魂：要以理想信念为师德培养的首要任务，通过举办专、兼职教师理想信念教育专项培训、开展意识形态教育和师德师风教育活动、定期召开思想政治教育专题会议等形式，筑牢广大教师忠诚党的教育事业、坚定共产主义理想信念的师德基石，激励教师为实现中华民族伟大复兴而不懈奋斗。道德情操是好老师的前提条件：要建立并实施高标准的《教师职业道德规范》《教师师德师风考核办法》，编制并要求广大教师郑重签订《教师师德师风承诺书》。通过组织开展师德师风教育活动周、师德标兵学习日、革命传统教育、红色文化教育基地实践教育，读红色书籍、听红色故事、看红色电影、唱红色歌曲等专项活动，强化教师道德情操教育，将井冈山精神、苏区精神、长征精神等红色基因融入广大专、兼职教师的血脉、融入教师成长和教书育人的全过程，打造新时代红色传人。扎实学识是好老师的根本基础：要通过专业培训、企业锻炼、出国访学、技术开发、竞赛比武等途径，提升广大专、兼职教师的理论水平和实际操作技能，提升教育教学、科学研究与社会服务的能力，用扎实的知识服务于教育教学。仁爱之心是好老师的基本要求：要加强教师的爱心教育，培育教师的仁爱之心，使教师能够真诚地尊重学生、宽容地关怀学生、充分地理解学生。通过教师对学生的心中之爱，让学生产生亲近感、信任感，使学生在一个充满爱心、轻松和谐的环境中快乐学习、健康成长。

达到水平高超，实施强基工程。要健全专业带头人、骨干教师遴选、培养、使用和发展机制，加大对重点专业、特色专业、新兴专业带头人、骨干教师的培养力度，以青年教师为重点培养对象，通过外出深造、岗位轮换、内部兼职、专项培训、技术服务等形式，结合指导职业技能大赛、"互联网＋"创新创业大赛、挑战杯等赛事，不断地提高教师的业务水平和综合素质，努力打造一支有"真本事"的双师队伍，为推进高等职业教育提供强有力的人才支撑。

优化双师队伍结构，实施筑巢工程。必须围绕高水平学校和专业群建设需求，强化人才立校理念，发挥人才资源是第一资源的关键作用。一是要构建人才"引、育、用"机制，

优化引育环境，提高薪金待遇，完善人才引进和培养管理办法，通过"筑巢引凤栖"到"花开蝶自来"，积极"引""培""用"一批"高精尖缺"人才，确保教师队伍数量充足，满足国家对高职院校师生比的要求。二是要对接区域和行业内的产业高端和高端产业发展需求，大量聘请行业企业技术能手、能工巧匠来校兼职任教，优化双师队伍结构。

（二）培育培养引进工程——内培外引培育"绝技"双师骨干

内培工程。一是要加强高水平"双师"素质能力建设。高职院校依托行业、企业共建"双师型"教师培养基地，建立常态化的教师企业实践锻炼培养体系。修订完善《教师下企业顶岗实践锻炼管理办法》等相关文件，分批轮训或利用寒暑假的时间，选派专业教师到"双师型"教师培养基地或合作企业顶岗实践，并确保每位专业教师在企业实践的年均时长，努力提高教师实践操作技能与解决企业生产技术难题的能力。同时要创造条件，帮助骨干教师参加产业技术培训和国际参访交流，参与行业组织和企业机构的重要活动，增强教师在行业企业的贡献度、知名度和影响力。二是要加强高水平职业技能等级证书培训能力建设。积极开展重点专业、特色专业"1+X"职业技能等级证书试点，选派优秀教师参与证书培训机构组织的相关培训，通过将教师获得的职业技能等级证书与教师职称等级挂钩、与"双师型"教师认定挂钩等措施，激励教师主动适应"1+X"证书制度试点的需要。三是要加强高水平服务能力建设。高职院校应设立教师科技创新专项基金，奖励、扶持教师参与合作企业的技术攻关和科技创新项目，提高教师创新服务的能力；同时建立教学改革专项基金，用于鼓励和资助参与创新服务和企业实践的教师，将企业创新和实践的成果，融入课程改革、教材开发、教学资源建设等项目。四是要加强高水平信息化应用能力建设。通过组织信息化应用专题培训，选派优秀教师参与国家、省级教师教学能力比赛等途径，提升教师信息化水平。

外引工程。高职院校应建立完善的《高层次人才引进和培育实施方案》，推进开放、有效的人才引进政策，实行灵活机动的柔性引进政策、资源高度倾斜的培养政策及动态管理的考核模式。建立工作标准、健全工作机制，加大政策扶持力度、经费保障力度，明确薪酬待遇。对接重大引才工程，推进高端人才引智互通计划，努力引进行业（行业）权威专家、专业群带头人，重点引进行业企业的技术技能大师、绝技绝艺名匠，并通过组织有关教育教学培训、教学信息化专项培训等，努力提高教育教学水平。同时，高职院校应借助其董事会（理事会），推进校企合作，实施"结对互帮"计划，努力实现专、兼职教师间的知识与技能的互帮互促、双向流动、共同提高，打造专、兼职教师协同发展共同体。要依托世界技能大赛中国集训基地、全国职业技能大赛等活动，扎实开展"专业技能大比武""技能教学竞赛"，在赛训结合、赛教结合中，切实提升教师的教育教学技巧、实践操作技能，培养高技术技能"双师"。

（三）兼职领军人才工程——大师名匠领衔"优化"双师结构

提高兼职领军人才的工作待遇，吸引兼职领军人才。领军人才具有丰富的专业知识、精湛的操作技能和广泛的影响力，由兼职领导人才承担的实践教学工作质量一般较高，而且学校不需要为他们发放基本工资和福利等，相对来说减少了学校的支出。为此，在同等职称的情况下，兼职领军人才的课时津贴可以比专职教师的高一些，可以考虑按同等职称专职教师 300%～400% 的比例发放课时津贴。对于全国知名专家，课时津贴还可以上浮。对于没有充足时间来校兼职任教的领军人才、大师名匠，可以考虑请他们开展技术讲座，参加人才培养方案修订、专业群课程体系优化，专业核心课程开发，"1+X"证书培训指导等，相关劳务费用可按国家相关文件的上限发放。同时加大对兼职领军人才的激励力度。高职院校应对兼职领军人才实施考核，对考核优秀的可以按年度总课时津贴 10%～20% 的比例发放奖励。对指导学生参赛获奖的兼职领军人才，在与专职教师指导获奖同等情况下，可适当提高奖励额度。对于五年内有两次以上考核为优秀的，应考虑将其聘任为特聘领军人才，发放特聘津贴；对于担任了专业带头人和名师的，应予以发放特定岗位补贴。

优化工作环境，发挥大师名匠的作用。高职院校要搭建高端人才多向互动平台，建立和完善领军人才、大师名匠工作站。工作站可由校企共同建设，实现市场化运作，紧密结合高职院校发展需求，搭建具有大师思维、具备应用技术创新能力，融教育教学、科技服务于一体的领军人才、大师名匠校企智力服务工作平台，实现领军人才、大师名匠与企业科研力量、技术攻关和技艺传承对接，以教学研究促进教学质量的提升。同时高职院校应着力优化工作站的科研条件，对申请到的纵向项目予以一定的经费配套，对申请到的横向项目、技术服务等，在符合国家相关政策和管理办法的前提下，可适当加大科研绩效支出。通过科学研究、成果推广与转化、技术服务来提高他们的收入水平。此外，要设立领军人才、大师名匠专项基金，用于他们的普通话水平测试、教师资格证办理、出国访学、学术交流等，搭建高端人才全方位研修平台，提升高端人才专业技术水平、教育教学及管理能力。同时，应设置专业群校企"双带头人"，发挥"双带头人"领衔带动作用，研究专业群发展定位和建设规划，订人才培养方案和标准，推动专业群建设和发展，引领专业群结构化团队建设和模块化教学。

（四）教师职业发展工程——教研逐级双促"锻造"双师队伍

职前培养是提升教师职业所需的职业态度、知识技能和教育方法的一种前期教育，对了解教师的职业特点和要求，掌握教育教学基本知识、方法和技能，熟悉职教法规法律，养成良好的职业道德素养有重要的价值和意义。入职培训主要是对新入职的教师进行学校历史与制度、组织与人员结构、教学规范与工作流程、多媒体及实训设备使用与管理、上好一节课的方法、优秀教师标准等方面的培训，目的是使新入职教师能迅速地融入高职院校这个大家庭。在职研修主要针对在职教师开设的提升其知识水平、实践能力和业务水平的一种进修方式。

构建职前培养、入职培训和在职研修体系。首先，高职院校应重构教师培训培养教育体系，统筹规划和科学开发职前培养与职后培训课程体系，构建职前培养与职后培训各有侧重、内容衔接、彼此融通、相互促进的一体化课程体系。职前培养应注重培养教师的专业基本素质，重点培养教师的条件性、本体性和操作性知识。职后培训应注重教师专业素质的发展，着重提高教师的个体实践性知识和专业理论及其综合素质支持下的方法领悟、技能拓展、成果凝练和风格锻造。其次，应建立和完善"听课、备课、讲课、评课"和"练习、见习、实习、研习"渐进式、一体化的教学体系。对于不具备教育工作经历和行业企业工作经历的新入职教师，按照"一年入门、三年过关、四年胜任"的步骤，探索建立为期1年的教育实习和为期3年的企业顶岗锻炼制度，把新教师的顶岗实习与脱产培训结合起来。并按照学校的《教师专业标准体系》，组织行业企业和学校的专家对新入职教师进行达标考核，考核合格者回校担任教学工作。对具备按年及以上行业企业工作经历的新入职教师，实施一年的教育实习，并为每个新入职教师配备一名老教师担任指导教师，实施结对指导，发挥老教师的"传、帮、带"作用。在职研修方面，以教师发展中心为平台，以五年为一个周期，构建常态化和全员化的教师在职研修机制。每年邀请多名国内外知名学者和行业企业技术专家来校开设专题讲座和培训；选派优秀教师参加教育部师资培训基地培训、省师资培训基地培训、专业培训机构的专业学习，参加相关会议和到职业教育发达的国家和地区进行学习交流等；组织教师积极参加各级各类教学能力竞赛，促进教师教学水平的提高。选派省部级教学名师及专业群带头人参与国家或省级的领军人才研修培训或到省内外国家示范院校进行跟岗访学，帮助教学名师及专业带头人提升其指导青年教师教育教学的能力。在五年的一个周期内，实现全体教师的研修轮训，确保年培训学时不少于100学时，并将教师培训学时作为职称评聘、推优评先的基本条件。

建立教师职业发展中心。高职院校应通过校企合作，建立基于产教融合，集教师培训、教学改革、研究交流、质量评估、咨询服务等于一体的教师职业发展中心，建设行企、校际、网络三类培训基地和"双师型"教师培养培训基地。完善和实施《教师职业标准体系》《高技能领军人才工作室实施办法》等制度，发挥高技能领军人才在人才培养、技能攻关、技术革新、技艺传承的引领作用。围绕教师成长、成才、成功、成名的职业发展规划，推进行业新知识、新技术、新技能、新标准的应用培训。创新教师教学能力培养培训的机制、模式，形成特色鲜明、充满活力、资源共享的教师发展中心建设和保障体系，指导开展教师发展理论和政策研究，为教师提供专业研修、职业发展和教学咨询服务。在青年教师培养方面，高职院校应完善《青年教师培养导师制实施办法》，通过专业带头人和骨干教师的"传、帮、带"，帮助青年教师强化教学规范、提高教学水平、提升实践能力。在学历提升方面，高职院校应加大教师进修培训资金扶持力度，鼓励支持青年教师攻读博士或双硕士学位，促进教师职业持续健康发展。同时在教师职业发展中心可以省级以上教学名师、学科带头人为支撑，组建若干个名师工作室。通过产教融合、协同培养，形成较强的专业建设、资源开发和科技创新能力，造就一批具有高超技艺的技术技能大师，培养若干省级技能名师、青年技能名师，产生明显的名师效应。

（五）评价考核评聘工程——绩效驱动构建"三维"评价体系

高职院校应创新教师评价激励机制，着重建立健全"三维"评价体系，即教师评价考核制度、绩效工资动态调整制度和职称评聘制度。

教师评价考核制度。高职院校应结合实际，探索建立教师业务目标分类考核机制，按专业（学科）分类考核教师的能力水平。订完善《教学质量评价体系》《教师课堂质量标准》《教师信息技术应用能力测评标准》《"双师型"教师认定标准》等一系列教师评价标准，形成新型师资队伍建设评价体系。评价体系应多维度考评教师的教学预备、教学规范、教学实施、教学方法、教学改革、教学研究、信息技术应用、竞赛获奖等教学工作实绩。同时改进和推行教师自评、学生评价、同行评价、部门评价、督导评价、企业评价等多种形式相结合的教学质量综合评价模式。探索建立以师德师风、重大教学改革与业绩、教学效果为关键指标的刚性评价体系。此外，还应建立和完善实验、实训、实习等实践教学环节的科学评价系统。

绩效工资动态调整制度。高职院校应建立完善《教师考核办法》《教师绩效考核实施办法》《奖励性绩效工资分配办法》《教学及教学管理事故和差错认定与处理办法》等一系列教师考核相关制度，建立健全教师绩效工资动态调整制度，依据考核结果对教师实行动态聘任。提高教师教学质量与业绩在绩效分配、职称职务评聘、岗位晋升、评先评优中的比重。完善教职工津贴补贴、劳务报酬、项目成果奖励等发放标准，推动绩效待遇向"关键岗位、优秀成果、突出贡献"倾斜。同时应建立以岗位绩效工资制为主体，协议工资、年薪制等多种形式并存的多元薪酬体系；明确教师岗位聘用、职称评审、评优奖励等重要指标，实行师德师风失范"一票否决制"。实施不同的绩效工资分配标准，奖优罚劣，鼓励优秀教师脱颖而出。订专业群带头人、领军人才、大师名匠薪酬管理办法，完善激励性收益分配方式，探索突出知识性劳动和智力成果价值的分配方式；订科研成果转化收益、社会服务收入分配办法，努力实现多劳多得、优劳优酬。

完善职称评聘制度。职称评审方面，高职院校应根据省级相关制度文件，结合自身工作实际，从有利于学校建设与发展的角度出发，创新以能力和绩效为主要标准的职称评审制度，修订和完善《专业技术资格评审评分办法》，用足用好教师系列正高、副高职称自主评审权。建议量化考核办法从基本条件、专业技术工作质量、业绩条件、论文论著条件、工作与贡献五个一级维度和若干个二级维度对申报者进行考核。其中基本条件主要包括思想政治条件、学历资历条件两个二级维度；专业技术工作质量包括教学工作量、教学质量、双师能力、青年教师培养、学生管理工作等五个维度；工作与贡献包括本职工作与贡献情况两个维度。着重考核申报人取得现资格以来的思想政治条件、教学质量和业绩条件。岗位聘用方面，高职院校应按照"科学设岗，聘期管理，分类考核，动态调整"的思路，建立"能上能下，能进能出，能高能低"的岗位动态管理机制，要坚持公开、公平、竞争、择优的原则；坚持向教学和科研一线倾斜、向关键岗位和教学管理骨干倾斜的原则，体现教学和科研的主体地位；坚持业绩优先、贡献突出的原则，发挥岗位聘用的导向和激励作用；坚持政策与学校实际相结合的原则；坚持实事求是、科学评价的原则。对于承担国家级或省部级重大研究项目的人员，根据岗位的性质、工作任务的大小和能力要求的高低，可以考虑设置特设岗位。对于在学校工作中作出突出特殊贡献者，学校可根据其资格、任职条件等直接决定聘用等级。总之，通过改革岗位设置与聘用办法，营造有利于优秀人才脱颖而出并充分发挥其聪明才智的制度环境，充分调动和发挥广大教职工的工作积极性，促进教学、科研、管理整体水平的提升，推动高职院校各项事业的全面发展。

第三节 "双高计划"高职院校实验室安全文化建设

"双高计划"是继普通高等教育"双一流"建设后国家在职业教育领域的一次重大战略部署，目的是率先发展一批优质高职院校和专业群，加速推进职业教育整体内涵建设。实验室建设是构建高职实践教育体系和培养工匠型创新人才的基础工程。近年来，高职院校实验室建设取得了长足进步，但其安全管理水平明显滞后于实验室的快速发展。实验室安全短期绩效在于管理，长效治理则需要依靠精神文化的支撑引领。实验室安全文化作为校园安全文化领域的延伸，在安全管理中的作用日益凸显。因此，在"双高计划"聚焦高职教育内涵发展的背景下，应赋予安全文化新的历史使命，推动完善实验室安全管理长效机制建设。

一、"双高计划"背景下高职院校实验室安全文化的时代价值

（一）教育目标引领：助力高职教育内涵发展

"双高计划"提出要强化职业教育内涵建设，实现职业教育高质量发展，表明内涵式发展仍然是"双高计划"建设的目标指向。校园文化是一种教育氛围，在教学过程中彰显学校软实力，促进教育内涵发展。安全文化虽然是一种亚文化，但具有教书育人和服务保障的双重意蕴，既是引领高职教育实现内涵发展的文化策略，又为学校可持续发展提供了安全保证。在现阶段，维护实验室安全不仅仅是学校职责所系，更是一项重大政治任务，需要统筹学校内涵建设与安全发展，汇聚工作合力。实验室安全文化侧重于引导实验参加者的价值取向和行为方向，向外部展现和谐安定的校园风貌和实验工作者的安全文化素养，在内部实现高职教育文化创新，改进教学和科研方法，提升实验室安全系数，有效降低安全风险，激励教学科研内在质量的快速提升。

（二）管理机制补位：优化安全治理结构体系

"双高计划"强调要提升高职院校治理水平，健全内部治理体系，推进学校治理能力现代化。高职院校都在探索完善多重维度的内部治理结构，治理文化是高职院校在办学治

校过程中形成的治理理念，可以说，治理文化和治理体系是同质同向的，治理文化为学校治理体系现代化提供了思想指引和发展路向。高职院校实验室安全治理体系不仅要有人力、物力、财力投入，还需要融合安全文化建设布局。安全文化建设是培养师生安全意识的一项文化工程，有助于提升教学科研工作者的安全素养，完善实验实训安全监管责任体系和长效工作机制。因此，新时期的实验室安全建设同样需要建立"多位一体"的安全管理体系，在组织架构、制度建设、应急机制和安全文化等多个领域进行布局，充分发挥安全文化的补位功能，为实验室安全发展注入"文化之魂"，消除风险治理的结构性矛盾，弥补传统实验室安全管理体系的缺陷。

（三）风险治理创新：推动安全生产提质增效

当前，高校安全生产形势日趋复杂和严峻，实验室风险治理已成为学校安全生产领域一项极为重要的工作。近几年，教育部多次发文，要求按照安全生产"党政同责、一岗双责、齐抓共管、失职追责"的要求做好实验室安全工作。高职院校实验室安全生产涉及化工、剧毒、药品、机械操控等危险领域，风险隐患分布面广，容易引发人身伤害事故，亟需规范实验操作流程，强化日常监督管理。安全文化是一种无形的力量，担当着校园安全"柔性"治理的角色，在治理过程中具有创新性、导向性、规范性的重要地位和作用。创新性改变了传统的知识传授方式，增加了趣味性；导向性注重对师生安全意识、理念、行为的引导，达成安全价值观念的共识；规范性让生硬的刚性制度内化于心、外化于行，形成自觉的行为习惯。由此可见，安全文化应作为提升实验室安全治理效能的重要切入点。

（四）育人阵地建设：拓展思想道德教育路径

近些年，我国高职教育在系列重大政策的引领下呈现出跨越式发展之势。2019年高职院校完成百万扩招，2020年高职继续扩招，招生范围涵盖高中毕业生、下岗人员、退伍军人、返乡农民工等多元复杂的学生个体，这意味着生源结构和质量良莠不齐，学生思想文化素质和安全素养差别增大。在立德树人教育主线的统领下，迫切需要拓展思想道德育人阵地，强化安全文化素质培养，实现全员、全过程、全方位育人。2014年教育部出台《完善中华优秀传统文化教育指导纲要》，提出要把优秀传统文化全方位融入思想道德教育的各环节。传统文化为学校思想教育工作提供了丰富的教育资源，将传统文化贯穿于教学全过程，有效契合了思想道德教育规律，引导学生汲取传统文化深层次的现代价值，解决不同类型生源因年龄结构、价值观念、社会阅历差别产生的异质化现象，增进学生对中华文化的认同感、归属感。

二、高职院校实验室安全文化建设面临的困境及归因

（一）精神理念淡化，文化传承缺乏创新能力

理念文化是安全文化的灵魂和核心。当前，一些高职院校对实验室安全文化功能和内涵的认识不够充分，实验室建设与安全文化融合度羸弱，缺乏对传统安全文化现代价值的

挖掘，活化传承优秀传统安全文化的能力不足，在一定程度上削弱了安全文化在学校育人体系中的涵养功能。其原因在于师生对校园安全的认知还处于感性层面，"以人为本""生命至上"的安全价值观尚不成熟以及师生对传统文化现代价值的认知度不足，这些都制约了校园安全文化的创新性发展。

（二）制度设计泛化，规范体系缺乏校本特征

制度文化彰显一所学校的发展历程、历史背景和学科特色，是"刚性制度"和"柔性文化"的结合体。"双高计划"提出要完善以章程为核心的现代职业学校制度体系。现代职业院校安全管理制度有普通高校的共性特征，但制度规范体系欠缺校本化的顶层设计，职业文化基础薄弱，"职业"属性定位模糊，制度文化理念与高职院校办学特色相互脱节。从发展历史来看，多数高职院校是从中专学校升级而来的，制度文化理念通常延续了中专的思维，有的参照普通高校的制度模式创建，对自身所处历史方位和发展走向把握不准。从制度设计上看，高职院校缺乏统一的指导思想和管理政策，忽视了对职业院校内在制度文化的更新和提炼，致使实验室安全文化建设不能随事而制，与实验室新环境、新技术和新设施的现实文化需求不相匹配。

（三）行为教育弱化，实践活动缺乏互动载体

文化的传承创新来源于劳动实践。《职业教育提质培优行动计划（2020—2023年）》明确将劳动教育纳入职业学校人才培养方案，统筹勤工俭学、实习实训、社会实践、志愿服务等环节，系统开展劳动教育。在高校创新创业教育改革的驱动下，学生参与社会实践的意愿日趋强烈。然而，一些院校实验安全文化活动载体缺失，劳动实践教育虚化，仍存在重理论教学轻实践育人的现象。究其原因，一方面，校内实践活动缺乏吸引力，沉浸式、体验式教学弱化，实验教学能力强的"双师型"教师紧缺，职业精神培养内涵融入不够。另一方面，学生自治组织的安全文化活动多集中在校内，与外部单位互动不足，不能有效地与志愿服务、社区合作和校企共建等开放性社会文化活动相结合，导致学生文化创新意识淡薄、自我管理和服务能力不足。

（四）物质基础老化，安防设施缺乏科技融入

"双高计划"提出要加快高职院校智慧校园建设，促进信息技术和智能技术深度融入管理服务全过程。物质文化是实验室安全文化的外在表现，文化视角下的物质建设是实现高职教育内涵发展和治理现代化的物质保证。一所高职院校独特文化的兴起首先在于校园硬件设施和物质形态的建立，现代化的校园安防体系建设更趋于向信息化方向发展。反观现在职业院校安防基础设施建设投入大，但智能化、信息化技术手段在实验室"三防"领域还未得到广泛的应用，智能安防未接入智慧校园系统，存在"信息孤岛"现象。主要归因于20世纪安防技术条件落后、人力和物力防范手段单一、安保工作被边缘化。进入21世纪，受传统"老保卫"思维的影响，科技创安意识淡漠，技防设备更新换代迟缓，经费投入无法满足现代科技安防应用的需求。

三、"双高计划"背景下高职院校实验室安全文化建设的实践维度

（一）提炼文化理念，挖掘人本化的精神内涵

1. 坚持以人为本的教育服务观

以人为本的思想源于中华传统文化，"坚持以人为本、尊重群众主体地位、关注人们利益诉求和价值愿望、促进人的全面发展"正是社会主义核心价值观的基本原则。以人为本体现了将学生作为教育的出发点，树立学生主体观念的内在蕴意。首先，高职院校实验室建设要考虑尊重和保护人的生命和价值，实验室的安全设计应从人的安全角度来考量，将保护师生安全的理念贯穿于实验室建设的始终，使其成为实验室建设的核心价值体现。其次，要突出学生在实验室安全文化建设中的主体地位，唯有超越传统安全监督管理的局限，将安全文化深植于实验教学之中，从内心认同实验室安全文化的价值观，激发学生"关注安全、关爱生命"的本能意识，才能从根本上实现实验室安全。

2. 树立生命至上的安全价值观

实验室安全的核心价值体系逐渐形成了以"安全至上""生命至上"为核心的管理制度和准则。以人为本、关注生命的实验室安全文化理念是构建平安和谐校园的有效手段，以师生为本、以安全为纲，强化生命观教育，保持对生命的敬畏感，才是实验室安全文化建设的根本所在。将价值塑造寓于生命教化育人之中是"双高计划"高质量人才培养的应有之义。培育生命价值观应找准 5.12 全国防灾减灾日、6.16 全国安全宣传日等教育时机节点，结合实验室事故模拟逃生演练、防灾减灾志愿服务等活动形式，在实践教育中感悟生命的价值，培植学生爱护生命、敬畏生命的意识。

3. 培养终身学习的自我教育观

新一轮科技革命浪潮正在重构人们的学习和思维方式，唯有不断更迭新知识、掌握新技能，才能提升职业适应力。现如今，现代职业教育理念正由知识本位向能力本位过渡，职业教育融入终身教育体系能塑造职业院校学生良好的终身学习和自主学习能力。人本化的安全文化理念提倡发挥学生在学校教育管理中的主体作用，培养学生自我教育的主动性，激发学生自我管理的能动性，调动学生自我服务的积极性。如引导学生社团参与校园安全文化建设，自发开展创作实验室安全警示教育方案、实验室消防嘉年华、实验室文化标志设计等活动，树立职业院校学生终身学习意识，培养学生的自主创新能力。

（二）凝聚校本特色，厚植品牌化的制度根基

1. 搭建章程指引的顶层架构

制度体系建设是加强实验室安全事前预防、事中监督和事后考评的基础，也是学校良性发展的制度保障。实施"双高计划"建设要改变高职院校制度同向化、平庸化的设计思路，瞄准职业人才培养目标，走类型化、校本化发展的道路。在制度设计上，要体现学校

章程的办学方向和核心价值,彰显高职教育"工匠精神""劳模精神"的职业理念,同时形成操作性强的评价激励机制,将其纳入学校党建工作考核选项。在制度执行上,组建学校党委领导下的实验室安全机构,统筹实验室安全文化建设工作,纳入校园文化建设体系,明晰各部门权限边界,为实验室安全建设提供支持保障,形成决策、管理、执行和监督的职能架构体系。

2. 完善职业特色的制度规范

高职院校要根据办学特色探索完善品牌化的制度规范,在"双高计划"驱动下破立并举,打造体现职业文化内涵的"制度网"。具体而言,要完善操控流程、物资存储、废物处置、风险评估、预警监测等环节的制度建设,建立一套符合现代高职院校办学理念和体现现代治理要求的安全制度体系。例如,有的高职院校委托第三方订并经过评审后实施突发事件总体预案,形成本校特点的应急机制,包括火灾事故、电气事故、危险化学品、机械伤害等专项应急预案,提高处置实验室突发事件和风险的能力,凸显自己的制度文化特色。

3. 订科学合理的考核标准

2019 年教育部发布的《关于加强高校实验室安全工作的意见》明确将实验室安全工作纳入内部检查、日常考核和年终考评内容。要完善实验室安全责任和考核机制,落实学校—学院—系(所、中心)—班级四级责任制,实验室标明安全信息牌,明确安全责任人,学院与导师、任课教师和管理人员层层签订责任书,责任人再与实验人员签订安全承诺书。结合本校实际建立操作性强、有奖励和惩罚机制的目标管理考核办法,区分工科、文科实验室功能,不搞评价标准"一刀切"。围绕组织建设、制度执行、教育宣传、防范措施、隐患治理、风险控制等内容,建立三级指标考核体系,实行安全责任"一票否决"制,与二级学院党建工作考核挂钩,年度评定考核等次,兑现物质奖励,调动学院实验室安全建设的积极性。

(三)创新教育载体,实施多元化的育人模式

1. 丰富常态化的教育形式

安全教育是安全文化建设的主要工作方向。理实一体化教学是职业院校的主要教学形式,实验教育要传承校园文化的人文精神,重点打造一批独具匠心的"高职品牌"工程,推动文化教育与实验教学深度整合,将多元化的文化活动固化为一种常态。以每年的"安全教育月""安全生产月"和"119 消防安全月"三项主题教育活动为载体,以课堂教育、网络教育、实践教育三种教育平台为依托,以文化育人为导向,用文化艺术的表现形式传递安全理念。例如,通过举办实验室安全微电影、短视频大赛,安全漫画、动漫设计大赛,"实验安全我来讲"主题班会等形式的安全文化活动,引导学生参与校园文化创新,争做安全行动的自觉践行者。

2. 整合多样态的网络平台

高职院校应将课堂面对面教育与数字媒体教育有机融合,突破传统教育固有模式,立

足网络实现以文化人、以文育人，拓展全新的思想道德教育阵地。一方面，推出网络虚拟课堂，整合微博、微信公众号、抖音、QQ群等自媒体，利用碎片化信息简、平、快的特点推送互动产品，如开设"安全云课堂""安全生产云竞赛"，传授实验安全技能；另一方面，要用好互联网这把双刃剑，借助网络传播工具的外力作用，对优秀传统安全文化深挖掘、再加工，激发传统安全文化的活力。如推送有关居安思危、防微杜渐等富含警示寓意的古训事例，让优秀本土文化占领网络育人阵地，去芜存菁后形成自己的网络话语体系，增强学生的文化自觉与文化自信。

3. 创设多渠道的实践载体

实践教育是职业教育的鲜明特征，通过实践教育反哺课堂教学，实现理论教学与实践教育双轮驱动、相得益彰。在内部，根据学校自身条件，建立以应急教育为主题的安全教育体验场馆，融入安全文化元素，设置实验室逃生体验屋、应急救护演练、灭火模拟操作、VR安全体验等沉浸式功能体验区，以实景操作方式传授正确处理实验室危机的方法。在外部，要突出职业教育社会性、开放性的特征，破除行业互动壁垒，带领学生走出"象牙塔"，主动与所在社区、产教融合型企业合作共建，工学结合，借助社会实践和实习实训平台联合开展消防嘉年华进社区、校企应急救援科普会演等文化活动，带动校企安全文化双向融合发展。

（四）优化育人生态，打造信息化的"三防"体系

1. 营造实验安全环境文化

物质文化直观地反映着一所学校的发展历史、传统特色和价值底蕴。传统安全文化浩如烟海，富含深刻的哲学道理和安全智慧。战国时期的《墨子》就记载了大量安全防范和火灾治理的方法，明末《天工开物》则记录了各类预防开采事故的技术办法。校园物质安全文化应传承中华传统安全文化精神，体现在校园环境、景观标志、实验和科研设施等有形事物之上，形成标语橱窗文化、楼宇景观文化、"互联网＋安全文化"的人文环境，发挥校园"硬文化"的显性作用。在实验室营造一种安全、宽畅、和谐的气息，打造安全价值观念、思维习惯和精神风貌，师生置身于安全文化的氛围环境之中，耳濡目染地接受文化的熏陶，以增强实验教学环境的安全感。

2. 筑牢人防物防基础防线

人防和物防构成了校园安防体系的基础防线。实验室应建立学院日常自查、部门专项检查和学校定期督查的"三支队伍"。利用安全文化"软对策"强化督促整改，实现挂牌、整改、报告、销账的闭环管理。例如，在实验室风险排查环节对安全隐患进行等级分类，实行"红、黄、绿"挂牌管理模式，将隐患所处的实验室划分"红、黄"牌实验室，督促整改销案摘牌，有效降低实验室安全风险。在物防设施建设方面，配备必要的危化品存储设备、泄漏和预防控制设备、紧急烟雾喷淋装置、防爆防护设备、应急救援柜和各类急救药品柜等设备，在安全出口、消防设施、防护设备加入安全警示标志文化元素，让学生感

受安全文化的亲和力和感染力。

3.联通智慧校园网络系统

智慧校园建设的重要功能在于整合校内行政教学科研等应用系统，推动智能信息技术深度融入学校管理全过程。在大力实施科技兴安战略的背景下，要落实教育信息化2.0建设行动，按照《职业院校数字校园规范》打造立体化、信息化的实验室安全防控体系。一方面，完善实验室内部安防设施，形成人脸识别门禁系统、语音对讲系统、通风系统、集中供气系统、化学品采购与管理系统和废弃物收集系统等安全体系；另一方面，建立智慧消防综合管理服务平台，运用物联网、大数据技术连接实验室火灾自动报警系统、气体灭火系统、消防智能巡检系统等功能模块，实现智慧安防与智慧校园互联互通，形成智慧校园文化。

高职院校实验室安全文化建设要立足职业教育特点，围绕高职教育内涵发展的目标前行，遵循以人为本的发展理念，从精神、制度、行为、物质四重维度来重新认识和构建实验室安全文化体系，打造人本化、品牌化、多元化、信息化的安全文化创新体系，引领实验室安全从硬性管理向软性约束的机制转变。

第四节 "双高计划"高职院校行政管理队伍建设

行政管理队伍建设是高职院校"双高计划"的重要内容。"双高计划"落地高职院校建设包含学校办学定位与方向确定、人才培养目标与培养方案制订、师资队伍建设、校园软硬件环境建设等多方面的内容，各项工作的落地实施离不开有效的管理协调。剖析当前高职院校行政管理队伍建设中存在的问题与成因，发现存在数量不足、结构性矛盾突出、职业化水平不高、激励机制不完善、职业倦怠严重等突出问题，而政策体制束缚、行政管理工作性质约束及管理者的理念是制约高校行政管理队伍建设的主要原因。鉴于此，突出行政管理队伍的专业化和职业化，构建科学合理的薪酬体系和考核激励机制是强化高职院校行政管理队伍建设的应有之策。

一、高职院校行政管理队伍建设存在的问题

（一）数量不足，结构性矛盾突出

高职院校基层行政管理队伍存在的首要问题是数量不足，因为编制数量等原因基层行政队伍的人员数量明显低于工作任务需求。特别是近年来高职院校迎来了历史性的跨越式发展，"双一流""双高计划"等重大发展战略的落地，在带来重大利好的同时，客观上也增加了学校的各项工作任务。各项目标的完成都需要许许多多的基层人员来落地实施，所以大部分高校行政人员都非常紧缺，身兼数职、频繁加班是常态。同时，"学非所用"现

象明显，学历层次、专业结构、年龄结构一般也都不太科学合理，很多基层工作人员所学专业并非高职教育或高等教育，而是其他非相关专业。

（二）目标责任不清，缺乏科学有效的绩效考核制度

相对于教学、科研人员而言，行政管理的工作任务存在更多的不确定性和临时性，特别是由于各种原因，学校的各部门岗位职责并未系统规范地梳理，所以，很多岗位的工作任务与目标难以量化，较难形成清晰明确的目标责任制，进而难以实施有效的目标管理。大多数院校对基层行政队伍的考核实施是基于"德、能、勤、绩、廉"等方面的年度考核方式。在具体实施过程中，因为指标存在很大的主观性，最终导致年度考核流于形式，无法真正体现行政管理工作人员工作能力、业务技能水平、工作成果与业绩的差异，失去了考核的目标导向功能，也使激励失去目标。

（三）激励机制不完善，薪酬制度缺乏弹性

高职院校深化人事制度改革，如何构建有效的激励机制一直是备受关注的重点与难点。特别是在行政管理人员的薪酬上，一般实施的是基于科层结构体系下的岗位工资制。该制度下的基层行政管理人员薪酬构成单一，奖金、绩效占比不高，而且用于引导员工努力工作的其他物质激励手段较少或缺乏可操作性，最终导致薪酬制度缺乏弹性，并不能适应行政管理队伍管理的现实需要。同时，很多学校在行政管理队伍上存在二元用工模式，即存在编制内用工与编制外用工。两种用工模式下的工作者在工资收入上存在明显差距，且在评优、晋升等方面更是实施了不同的管理机制，存在较明显的同工不同酬问题，这在一定程度上影响了行政管理队伍的稳定性、积极性与实效性。

（四）晋升通道不明，职业倦怠严重

在高校人事制度改革中，一方面，很多院校对教学和科研人员的职称评聘、职业发展等问题进行了较充分的关注，但对行政管理人员则关注不足。现实中，高职院校行政管理人员教学、科研能力相对不足，且大部分学校对行政人员转入教学科研系列与职称评聘上有严格的限制，因此行政人员在专业能力晋升上存在现实困难；另一方面，由于科层制的特点、管理岗位有限，行政人员职务晋升渠道不畅，甚至看不到晋升的机会或希望。这可能会使行政管理人员产生消极的心理，失去工作兴趣，导致职业倦怠。

二、高职院校行政管理队伍建设存在问题的成因

（一）传统教育体制的制约

一直以来，高校的行政管理都在沿用传统的管理模式，实施严格的层级管理制度，相关人员的选聘、培训、考核、薪酬及晋升等都充满浓厚的机关色彩，并未充分考虑高等院校行政管理的特色与现实需求。在严格的编制管理体制下，高校作为用人主体根据工作需要进行部门调整、工作岗位设置及相关人员选聘的权限受到极大限制。由于传统观念对职

业教育的误解与歧视，加上很多高职院校对自身发展定位、办学方式、办学特色与培养方案都缺乏清晰的理解和有效的规划，对行政管理工作效率的提升更是缺乏关注。

（二）高校行政管理工作本身的影响

按照现代人力资源管理理论，组织人力资源管理系统是以提高效率与效益为目标，包含"招、用、育、留"四大基本功能。无论是招聘、培训，还是科学的绩效管理与薪酬管理机制，都需要建立在战略清晰、组织结构合理、岗位职责明确的基础上。但很多高职院校综合管理水平不高，缺乏系统规范的管理制度，缺乏现代人力资源管理机制在高校运行的前提基础。加之，高校行政管理工作本身是充满琐碎、繁杂的事务，程序性工作虽然占主要部分，但也有很多的临时性工作。真正的"业绩""能力"一般都缺乏客观的评价指标，难以形成量化的评价结果，这与教学科研系列可量化的工作相比，其考核及相应的绩效薪酬分配都存在现实的挑战。

（三）职能机构功能缺失，管理机制不完善

作为高校人才队伍建设的组织部与人事处，组织部一般主要负责学校中层干部的选拔、考评等工作，人事处负责行政管理人员的选聘及相关手续的办理。相对于"双高计划"下高职院校行政管理队伍建设以及行政管理人员职业发展的需要而言，工作重心未在行政管理队伍的整体建设上，既缺乏系统的队伍建设规划，又未对相关的组织目标与工作岗位职责进行系统梳理并定期更新，更是缺乏针对性的绩效管理、薪酬制度及晋升考核机制的设计，导致相关工作成效不足，从而影响人才队伍建设的成效。

三、高职院校行政管理队伍建设的优化路径

（一）以现代大学治理为导向，转变管理体制与机制

职业教育已进入跨越式发展的新时代，高职院校的发展需要更大的勇气与智慧。在这条发展道路上，一流的师资和卓越的管理是重要的引擎，需要以现代大学治理为导向，厘清政府与高职院校之间的关系、明确责任边界。逐步取消"编制"限制，逐步形成以政府政策引导为主要手段，以合法代表的身份参与高职院校"校董会"的运作中，从战略定位、办学特色、办学模式与资源投入等方面对高校发展产生影响，全面赋予高职院校在行政、人事管理上的自主权，让各高校可以根据现代大学治理的需要合理确定人员需求数量，并设计科学合理的机制进行高效的现代人力资源管理。

（二）以事业单位人事管理制度改革为契机，建立规范的岗位管理机制

现代事业单位人事制度改革的核心是转换用人机制和搞活用人制度，以健全聘用制度和岗位管理制度为重点，建立起权责清晰、分类科学、机制灵活、监管有力的事业单位人事管理制度。当前行政管理队伍建设问题形成的一个主要原因是没有设置明确合理的职位及相应的岗位职责，很多时候只是笼统地视为行政管理序列，岗位的工作职责、工作目标

与要求以及相应的工作程序都没有清晰的界定。因此，要建立高效专业的行政管理队伍，应以"双高计划"下的高校办学定位为战略导向，以构建符合现实需要的现代人事管理制度为目标，建立规范的岗位管理制度与工作机制，定期系统地梳理各项工作的工作目标，针对性地分析高校行政管理工作的特点，科学设置职位序列及相应的部门及工作岗位，规范梳理各岗位工作职责，为绩效管理、薪酬分配、晋升发展等打下坚实基础。

（三）加强岗位培训，突出行政管理队伍的专业化与职业化

高校应建立以选拔为先导、以培训为核心、以考核激励为手段的行政管理人员专业化发展机制。第一，选拔行政管理人员应注重对职业兴趣与职业抱负的考量，突出岗位工作特点对任职者知识结构、行为方式的要求，实施因岗求人的选拔机制，找到真正喜欢干、愿意干的人。第二，依据岗位工作和个人职业发展需求，建立以"培训"为核心的人才发展机制，按照专项经费，设置合理培训规划，系统提升行政管理人员的业务工作能力，让他们真正成为专业化的人。第三，在合理设置高校管理岗位、明确岗位职责分工后，加强专业化培训，构建科学的考核激励手段，让有职业理想与专业能力的人得到职业化发展，并获得合理的回报。这里需要现实的物质回报，也需要加强思想引导，树立典范，发挥示范引领作用，还需要高校强化职业生涯规划管理，体现人文关怀。

（四）以激励为核心，构建行政管理队伍的绩效与薪酬管理体系

激励是现代人力资源管理的核心，对基层行政人员的激励方式不仅包括物质激励、精神激励，还包括知人善用、奖优罚劣。因此，要做到赏罚分明，需要建立科学的绩效管理机制及相应的薪酬分配机制。高职院校在建立规范岗位管理制度的基础上，可按照分层分类管理的原则，设计以提高专业能力为核心的科学绩效考核体系，根据不同岗位的职能、特点和专业要求，明确考核标准，细化考核指标，订科学的分类考核指标体系，分层分类分岗位进行考核。同时，配套实施灵活的薪酬模式，强化年度绩效考核结果与薪酬的关联；通过完善动态薪酬和奖惩制度，突出激励功能；健全校内福利制度，加强行政队伍内在的薪酬激励。另外，精神激励应贯穿于队伍建设的全过程，通过营造良好的生活环境和工作环境，解除其生活上的后顾之忧，形成团结合作的工作氛围。领导干部要多关怀下属，给予其充分的尊重与信任，在重任面前发挥带头示范和勇于担当的领导作用。要知人善用、人尽其才，充分发挥部门每个行政人员的能力和潜力，通过轮岗、培训、晋升等方式，使其在不同的岗位上得到锻炼，找到每个人施展才能的平台和空间，进而满足员工的自我成长需要、归属需要和成就需要。

（五）建立轮岗流动机制，营造良好生态

职业倦怠的主要原因之一，是对工作失去了兴趣。特别是某些部门，行政人员非常紧缺，工作压力大、工作量大，加上工作内容创新性不足、晋升通道不明等，在同一部门和岗位时间越长就越容易出现职业倦怠。因此，不管是从个人发展上还是从岗位锻炼上来说，都可建立规范的定期轮岗流动制度，在轮岗中激发新的活力与创造力。同时，充分意识到

高校基层行政管理队伍建设是一项长期的、系统的工程，以战略的眼光把基层行政队伍建设放在重要的位置，努力推进行政队伍专业化、职业化发展，特别注重生态环境的优化。因此，加强行政管理队伍建设，做好宣传引导，营造良好的工作风气，对不良现象公开批评和整顿，对干事型的员工要给予相应物质与精神奖励，不让老实人"流汗还流泪"；高校还要完善"容错纠错机制"，鼓励员工发挥主观能动性，自觉提升履职尽责的能力和担当意识，让广大基层行政人员"愿干事、敢干事、干成事"。

第五节 "双高计划"高职院校就业网格化建设

21世纪是人才主导发展的时代，在第三次工业革命的催化下，专业技术人才的需求日趋旺盛。我国的职业教育特别是高职教育更是在如火如荼地快速发展以应对社会发展需要，"双高计划"建设是近年来国家从战略高度推进高职教育的改革举措，旨在通过中国特色高水平专业群、高水平高职学校的引领示范作用实现高职教育质的飞跃。在此背景下，高职生的就业质量观也在悄然发生着变化，以往追求的"好就业"向现在的"就好业"转变。实现高职生高质量就业成为高职教育的现实落脚点，也是检验"双高计划"建设成就的关键标尺。

为提升高职生就业质量，全国高职院校纷纷结合学校实际开展教育改革和探索。"双高计划"建设院校广东轻工职业技术学院逐步探索并形成了就业网格化管理模式，来推动高职生就业工作。下面将结合"双高计划"建设对职业教育的影响、当前高职生就业困局、就业网格化管理模式构建的必要性、就业网格化管理模式探索等四方面展开论述，以期为实现高职生就业质量的提升提供借鉴。

一、"双高计划"建设对职业教育的现实意义

《国家职业教育改革实施方案》的出台，进一步明确了职业教育是一种类型教育，与普通教育具有同等重要的社会地位。高职教育是高等教育的重要组成部分，高素质技术技能人才在制造业极其需要的现代社会中具有更为广阔的存在基础，这便促使高职教育要发挥人才培养的关键职能，围绕社会发展的现实需要做好高素质技术技能人才的培养。

（一）"双高计划"建设是确立职业教育类型教育地位的适时回应

职业教育类型、教育地位的确立，使得高职教育可以"昂首挺胸"在世人面前展现风采。曾几何时，职业教育一度被定义为"差生"的集散地。尽管1996年颁布的《中华人民共和国职业教育法》试图扭转人们对职业教育的误解，但受高考指挥棒的影响，职业教育始终有着"低人一等"的待遇。在人们的观念里，似乎只有没有考上好高中或好大学的学生才会选择职校就读。职业教育在带有偏见的、不公的社会误解中历经风雨不断发展，

随着改革开放的深入推进，百花齐放的行业需要大量的高素质产业工人、服务人员等，大批量受教程度较低的务工者对工作岗位适应的难度在逐步提高，以往的人口红利所产生的社会效益在逐渐降低，没有技术技能的务工者单位时间内获得报酬越来越低，可供选择的工作领域也在不断萎缩。国家对社会发展所需人才的触觉有着高度的敏锐性，政府工作报告、国家领导人批示都提及高素质技术技能人才对社会未来发展的重要性。在社会高度关注下，"双高计划"建设伴随着普通高等教育"双一流"建设的提出，组成了高等教育发展的"一体两翼"，这也是对职业教育奠定类型教育地位的有力支持和回应。

（二）"双高计划"建设是实现职业教育现代化的现实路径

"双高计划"的统筹推动是高职教育提质增能的金钥匙，是实现职业教育现代化的现实路径。毋庸置疑，教育现代化已然成为推动社会稳步发展的强大动力源。唯有普通教育与职业教育携手现代化，我国教育现代化才是完整的、真正的现代化。长久以来，重"普"轻"职"的社会氛围，使得职业教育的发展"步履蹒跚"，但是，社会发展却需要大量高素质产业工人的支撑，如何快速有效地解决急需人才成为令人深思的问题。社会的目光不得不再一次聚焦到高职教育上来，因为高职教育对技术技能人才的培养具有持续性、稳定性、长久性，且对人才培养质量有着极高的保证。在此种情况下，牵好"高职教育"这个牛鼻子，就有效解决了人才供需的突出矛盾。于是，在社会上逐步形成一种共识：职业教育是我国教育不可或缺的重要组成部分，高职教育的现代化是实现职业教育现代化的关键，没有高职教育的现代化就没有职业教育的现代化，没有职业教育的现代化也就没有我国教育的现代化。"双高计划"就是高职教育现代化的有力双脚，并最终一步步引领职业教育迈向现代化。

（三）"双高计划"建设是培养高素质技术技能人才的关键保证

"双高计划"建设是国家对人才渴求的积极回应。不得不说，当前我国各项事业的发展都取得了举世瞩目的成就，但随着经济全球化的发展，狭隘的国家保护主义抬头，本应团结一致、共同推进的全球共同体理念遭受种种冲击，人为设置的技术壁垒阻碍了全球经济的发展，若要获得发展必须打破技术垄断，技术垄断的存在归根到底是人才的较量，只有做好人才储备才能在全球发展中占据主动地位。特别是近年来，中美贸易摩擦不断升级，因为技术专利限制，美国高举欺凌大棒肆意妄为，这也使我们感受到，人才无论何时都需要积极培养并为国家建设服务。"双高计划"建设就是要通过发展中国特色高职学校和专业群计划来引领带动整个高职教育的快速发展，实现高职院校在规模发展的同时强化内涵建设，要更加注重学校治理水平、专业建设水平、教师教学能力、产教融合效力等软环境建设，培养高素质技术技能人才以满足社会发展的现实需要。

二、当代高职生就业困局

高职教育的蓬勃发展是适应社会发展，尤其是适应制造业、服务业等行业需求的必然选择。然而,本该契合的社会发展诉求与发展动力支持(高职生人才资源)之间却没有达到最佳的状态,犹如本该匹配的动力齿轮间没有打磨好而影响正常运转。一个突出且不容忽视的现象便是高职生就业困局,主要体现在:社会对高职学历认可度不高、高职生思想认识不到位、高职院校人才培养质量有待提升等三个方面。

(一)学历低下之绊——难掩尴尬的身份地位

高职生的专科身份再披上职业外衣成为一种难掩的苦楚。对高职生而言,莫名的失落随着社会的异样眼神越来越重。高职生似乎难以褪去"差生"的外衣。尽管国家一再明确,高职教育是大学的一种类型教育,与普通大学教育有相同的平等地位,但是,在"鲤鱼跃龙门"的家庭期许下,似乎优秀的学生读重点大学才是明智的选择,高职教育只是一种"备胎"的存在,有时候宁可选择高三复读,也不会启用"备胎"。近年来,随着职教体系的完善,中高本硕一体化职业教育体系的构建,为高职生的未来发展和上升途径提供了可能,但进入本硕阶段的高职生毕竟还是少数,学历低下则意味着发展机会的受限,有些情况下甚至意味着就业机会的丧失,这对于大部分家庭,尤其是农村家庭来说,选择高职就读的变数太大,风险较高,自然难以赢得青睐。于是,在社会上就形成了读高职再怎么优秀也不过是学习不好的无奈选择、没有发展前途的错误舆论导向。

(二)思想认识之失——难以放下的逐梦身段

高职生就业思想的固化狭隘弱化了择业机会,降低了就业实效。教育大众化的推广使得高等教育机会惠及广大高职生,大学生的光环使得高职生渴求在现实社会中寻得应有的尊重和认可。随着第三次工业革命浪潮的袭来,更多工作岗位需要大批产业工人的支持,而高职生的培养恰好满足了社会发展的需要,理论上这应是完美的对接。然而,高职生的求学历程往往承载着家庭的期许,似乎出人头地或是体面的生活,才是对家庭最好的报答。这种过于美好的愿景使得高职生在就业过程中盲目自信或是不甘平庸,产业工人或者基层就业似乎很没有面子,这在一定程度上造成高职生择业的滞后性和变动性。在无形中,思想认识的偏差成为高职生择业的绊脚石。

(三)能力不足之憾——需要正视的质量培养

高职生综合职业能力的不足限制了未来就业的高度。在社会市场化浪潮的冲击下,职业分工越来越精细,对个体素质的要求也越来越高,正是市场力量的加速下,个体能力的高低决定了个人所在的社会位置。毋庸置疑,每个职业都应该获得社会的尊重,但不可否认的是,不同职业岗位所需要的技能是不一样的,具备高超技能自然也就有了更好的选择机会。一个有趣的现象是,在众多报端或是互联网上,我们可以看到某某公司招聘高级技工,年薪数十万,应征者却寥寥无几;也看到不少公司吐槽招聘到的员工不能胜任工作岗位,往往需要公司花费近一年的时间去培养新入职人员。现实的用人冲突不能掩盖高职教育的发展,却也对高职教育的发展抛出了人才培养的质量问题。一方面我们要看到,国家对职业教育的投入逐年增加,职业教育日渐庞大;另一方面也不能不正视,大而不强的职业教育远没有发挥出它应有的推动作用。归根结底，日益繁盛的职业教育还没有批量培养出综合职业能力出众的高职生，还不能完全适应社会需要。

三、"双高计划"建设背景下就业网格化管理模式构建的必要性

就业网格化管理模式构建是在"双高计划"建设背景下，结合人才培养的时代要求，着眼于高职生现实中就业选择的内在诉求，通过网格的划分、资源的有效配置以及相关就业工作人员的下沉，"进一步扩大'网格面积'和增大'网格密度'，让学校全体人员广泛参与，让分类就业服务全程陪伴，让就业信息全方位覆盖，使'网格化'就业管理工作模式更好地适应当前就业形式多元化的发展形势"。

（一）"双高计划"建设背景下提升人才培养"高度"需要就业网格化管理模式的支持

就业网格化管理模式构建是对"双高计划"建设背景下提升人才培养质量的重要支持。随着职业教育类型教育地位的确立，使我们深刻体会到国家、社会对职业教育的重新审视和高度重视，也再次提醒我们职业教育以往"低人一等"的尴尬地位，大力推进职业教育任重道远，大力发展高等职业教育势在必行，大力实现高等职业教育现代化刻不容缓。"'双高计划'能为支撑国家产业发展、解决社会就业负担、满足企业人才需求和帮助高职院校转型升级举旗定向。"其功能定位实现的落脚点必然是关注人才培养质量的提升。"职业教育不能单纯地把培养岗位技术能力作为自身所追求的唯一目标，还要从教育的总体目标和复杂的职业环境出发，实现个体的完整发展，指向主体的自我实现。""在人才培养的价值意蕴上，'双高计划'凸显了高水平高职学校人才培养导向由'成才'向'成人'的内涵式变革。"高职院校人才培养内涵的转变是对新时代社会发展诉求的积极响应，在"双高计划"的牵引下，通过何种具体途径（或方式）提升高职生人才培养质量是急需解决的现实问题。就业网格化管理模式有效提升了"双高计划"建设背景下人才培养的"高度"。所谓就业网格化管理模式是在现代信息化管理的基础上，将学院领导、专业教师、辅导员、班主任等全员纳入组织管理的全过程，齐心协力将管理与服务共同融入高职生的培养过程，坚持立德树人的育人宗旨，着眼于高职生的未来发展，坚持在着重培养高职生技术技能的同时不断优化高职生的完美人格，使其在获得谋生手段的同时递进性地培养社会适应能力、独立思考能力、实践能力等，使其在未来的职业生涯发展中不迷茫，有奔头。因而，就业网格化管理模式的构建是"双高计划"建设背景下提升人才培养"高度"的需要和支持。

（二）"双高计划"建设背景下高职生就业质量观的转变促成就业网格化管理模式的产生

"双高计划"建设的稳步推进不断提升着高职生的综合职业能力。随着高职生综合职业能力的提升，其就业定位也在不断变化，逐步由以往的"好就业"向现在的"就好业"转变。"'双高计划'开启了高水平技术技能人才培养体系建设的新征程……深化人才培养

模式改革……以校企'双主体'育人的实践，丰富人人皆可成才、人人都有人生出彩机会的教育育人理念。"在"双高计划"类型教育育人理念的指导下，各高职院校不遗余力地进行人才培养的各种探索，高职生的技术技能和综合职业素养得到大幅提升。在此背景下，高职生个体对就业质量的追求也悄然发生着变化，从以往的渴求"好就业"向现在期许的"就好业"转变，这种变化是高职教育人才质量提升背景下时代发展的必然选择。当个体能力足以胜任更为复杂的工作岗位时，自然希望能赢得更好的社会地位，得到更多人的尊重，渴求获得更高的报酬，立足于更好的工作氛围和环境。然而，这些美好期待的实现需要依托就业管理与服务的优化，需要在"双高计划"建设推进的基础上，进一步优化就业途径和方法，否则，高职生高质量就业只能是空中楼阁。就业网格化管理模式搭建了高职院校高质量人才培养与高规格就业的桥梁，结合高职院校的特色和专业特点，充分利用专业教师、辅导员、班主任、校友等各种资源，形成信息、机会、人员"网格化"，实现"就业有网、网中有格、格中有人、人尽其责"的全员网格管理格局，汇聚社会资本，拓宽高职生就业途径，为实现高质量就业奠定基础。因此，就业网格化管理模式是"双高计划"建设背景下高职生就业质量观转变情况下应运而生的，契合高职生就业的时代诉求。

四、就业网格化管理模式探索

　　"双高计划"建设的启动为我国高职教育的发展确立了方向，同时也给高职院校留下了实践探索的种种可能。就业网格化管理模式就是高职院校实践的结晶，以高职生的未来发展为追求，以科学的遵循原则为准绳，以优化的路径选择为保障，实现高职生更高质量和更充分就业。

（一）就业网格化管理模式遵循的原则

　　就业网格化管理模式是高职院校将服务触角延伸到繁乱就业事务的方方面面，降低高职生的求职就业成本，营造融洽氛围，在具体服务实践中遵循专业化、全程化、精准化、网络化等四个科学原则，奠定高职生职业发展基础，拓宽职业生涯面，实现高职生的可持续发展。

　　1. 专业化原则

　　专业化是高职院校就业网格化管理模式的存在基础。高职教育在逐步由规模扩张向内涵方向发展转变，然而，内涵发展之路任重道远，高职生的就业质量是对高职教育大发展的最有力回应和佐证。面对高职生生源复杂的特点，就业服务工作压力倍增，专业化的力量才能推动高职生就业工作更好地实现，这就需要探究影响高职生就业服务的基本因素，并整合利用好专业化的就业资源，也只有这样才能促进高职生高质量就业。

　　2. 全程化原则

　　全程化是高职院校就业网格化管理模式的持续保障。高职生从步入高职院校开始就必然面临就业的压力，因为旧有社会观念的影响，高职生的真实价值因为学历之困，难以完全展现。既然高职生在学历上不占优势，那就需要从技术技能上实现弯道超车，去赢得社会的尊重，这就决定了职教工作者需要在高职生整个学习生涯中持续关注其综合职业能力的培养，帮助其实现质的飞跃。

3. 精准化原则

精准化是高职院校就业网格化管理模式的价值追求。高职生的类别千差万别，不同个体在不同时期又面临着不同困惑，这大大增加了就业服务的难度，也是就业服务实现突破的有力抓手。就业网格化管理，就是将千差万别的高职生类群做到精细划分、精准对接、精致帮扶。唯有将就业工作做到既"精"又"准"，才能将就业服务扎实落地，才会使全程化的就业服务更有价值。

4. 网络化原则

网络化是高职院校就业网格化管理模式的技术支撑。"互联网+"技术的兴起，使得距离由遥远变成近在咫尺，使得事情由繁复变得简单快捷，使得信息由海量变得有序浓缩。当然，这一切便利大大降低了高职生求职就业的成本，使得高职生足不出户就能更快、更好地寻得理想的工作岗位。网络化的兴起确保就业网格化管理的高效成为现实。

（二）就业网格化管理模式的路径选择

高职院校就业网格化管理模式探索就是坚持以高职生为本，坚持为高职生职业发展负责，从着力打造就业服务资源网、就业指导体系网、就业群体类别网、就业智慧信息网等"四张网"入手，创新就业服务体系建设，实现高职院校就业服务工作的高效持续发展。

1. 搭建就业服务资源网

发掘并整合就业资源，搭建就业服务资源网，为开展高职生就业服务奠定宽广的基础。丰富的就业资源是高职生自由择业的前提。高职院校围绕"教育—产业"链条的拓扑辐射，立足学校，联合企业，联系校友，形成就业资源关系"回路"，构成稳定的就业资源网。

搭建校内就业资源分享平台。校内不同院系间固然有着各自的特色，但这并不妨碍彼此间就业资源的共享，在高职院校内部树立就业专业大类群聚意识，建立沟通渠道，及时分享招聘信息。譬如，广东轻工职业技术学院就充分利用校内"就业先锋队""就业一线"等微信群，加强不同学院间就业信息的沟通交流，共享就业资源，扩大就业信息面，为毕业生提供更多的就业机会。

深化校企合作平台。高职院校精准定位学校特色，坚持"走出去，引进来"的思想，积极主动地与用人单位取得联系，建立长期合作关系，搭建稳定的实习基地，拓宽就业服务渠道，多途径、多方面地了解企业的诉求，组织好学生，协助企业完成校园宣讲及招聘。一方面，要用好学校就业服务网络平台，帮助企业完善服务平台的注册审核，在此平台上自助推送用人信息，安排专人对接跟进；另一方面，培养高职生就业平台信息搜索能力，快速寻求心仪且适合自己的岗位，鼓励企业和毕业生通过就业服务平台进行网络面试等，打破空间的限制，减少现场简历投递、面试的物质和时间成本，为企业和毕业生提供双向服务的窗口。

组建校友资源平台。校友资源是高职院校不可忽视的就业资源。由于社会发展的原因，教育资源在我国曾经属于稀缺资源，只有少数优秀的人才能获得，而这些人目前多是各行各业的翘楚。成功校友往往更加珍惜在教育资源稀缺年代的学习经历，对母校有着深深的眷恋和感恩。基于真挚的校友情感，高职院校统筹各个二级学院（系）以专业教研室为主阵地，通过校友会等途径加强彼此间的联系，建立稳定的校友库，并不断丰富。在招聘季来临之际，可以通过网络问卷等形式，主动函询校友企业用人需求；通过微信群、QQ群等就业资源共享平台分享毕业生情况，做好供需对接，实现就业招聘工作的双赢。

2. 建立就业指导体系网

科学合理且丰富的就业指导可以帮助高职生在就业中取得事半功倍的效果。全程化、全面化及全员化的就业指导使得高职生能更好地建立就业自信，消除就业恐慌。

高职生就业工作贯穿整个高职教育过程，这提醒着高职院校需要树立长远目光，做好就业工作不能局限于毕业季。全程化的就业指导要联合专业老师、辅导员等校内力量，把握高职生的阶段特点，有目的、有针对性地开展就业指导。大学一年级主要通过入学教育、专题讲座等方式加强职业指导工作，帮助高职生树立规矩意识，了解职业岗位特性；大学二年级可以通过体验式观摩的方式强化、提高高职生的专业技能和综合素质工作；大学三年级主要通过个人指导、集体辅导、专项推进等多样化的方式促进学生谋求理想就业岗位。譬如，广东轻工职业技术学院"双高计划"主要承担院系轻化工技术学院，在大一就开展"优秀校友面对面"活动，帮助大一新生了解高职就读专业的魅力，培养学生的职业精神；在大二阶段通过认识实习（非顶岗实习），让学生在企业参观中真实了解未来拟从事企业的运作，了解拟从事岗位特性以及行业的未来发展趋势；大三阶段，聚焦思想引领，强化就业引导，以"书记、院长上思政第一课""青春奉献祖国"等主题教育活动为抓手，弘扬"胸怀祖国、志在四方"择业理念，引导学生关注社会，树立担当意识，鼓励毕业生到祖国最需要的地方建功立业。

高职生面临的就业困局和影响因素的多样性需要高职院校全员参与就业指导，形成就业合力，帮助高职毕业生实现华丽转身。第一，专业老师帮助高职生掌握专业知识和技能，提升求职资本，并帮助高职生在学习中了解自己的兴趣志向；第二，辅导员做好引路人，关注高职生的思想问题，从他们的理想信念教育出发，做到与时俱进，贯彻落实立德树人的核心目标，做好高职生的引导者、组织者、实施者；第三，心理辅导老师做好心理疏导，增强高职生的抗压能力，关注高职生就业困难群体心理素质，定期邀请专家对高职生就业产生的心理疑惑和困扰进行"一对一"心理疏导；第四，辅导员、班主任定期与就业困难群体谈心谈话，消除他们的心理困扰，帮助他们增强信心，正确认识自我，顺利走向工作岗位。例如，轻化工技术学院指导学生利用学校引进的"吉讯"职业生涯规划自我测评系统，通过网络随时进行职业能力倾向等内容的测评服务，使学生对自己的职业取向有基本的认识和了解,并组织"校内专家+校外专家+专业老师+专职就业辅导员"的专业队伍,对接负责学生的个别咨询,进行个性化指导,提高指导的针对性和有效性。

3. 梳理就业群体类别网

当前高职院校的生源状况尤为复杂,既有普高生,也有五年制高职录取的初中毕业生,还有对口升入高职的三校生(中专毕业生、技校毕业生、职业高中毕业生),近年又新增了企业员工、退伍军人等社会生源。这些学生的原有基础、社会地位、身份差别很大,角色转变的跨度也很大,决定了高职教育的复杂性与艰巨性,增加未来就业的不确定性,做好高职生群体类别的梳理就显得尤为重要和必要。

首先,全面了解高职生的志趣爱好,建立"就业帮扶档案"。从大一开始对高职生进行摸底调查,初步了解高职生的个人情况、就业意识、就业愿望,建立包含姓名、班级、性别、专业、就业志向等内容的"就业帮扶档案",同时建立电子版就业群体动态数据库,每半年进行一次更新,以便了解在学习过程中,高职生就业志向的变化。若高职生遇到重大变故或是突发事件,要及时更新,为未来的就业工作奠定坚实基础。

其次,结合"就业帮扶档案"对不同类型高职生开展个性帮扶。根据高职生的特点,精准认定、精细指导、精致帮扶,建立"一对一"结对帮扶制度。对于"有业不就"型高职生群体,帮助他们调整心态、端正就业观念,适当地降低就业门槛,引导基层就业,以创业带动就业;对于家庭经济困难的高职生,在求职过程通过发放临时困难补助、免求职报名费、报销求职路费等形式加大经济扶持力度,同时给予更多的关心和鼓励,使他们实现物质精神双受益;对于有身心缺陷的高职生,给予他们更多鼓励和支持,为他们提供法律咨询,及时消除他们的自卑心理,主动与用人单位沟通联系;对于女高职生,通过求职技巧、礼仪培训等专项活动,提高自身与就业岗位的匹配度;对于学业困难高职生,早发现,早帮扶,提高他们对专业的认可度,增强学习能力,同时引导他们发现自身亮点,扬长避短,培养就业自信心。

4. 完善就业智慧信息网

"互联网+"的快速发展,从各个领域更新人们的认知,也极大地丰富和扩宽了人际交流的途径。高职生就业工作在互联网的催动下,变得更加快捷高效;反之,也启发了高职院校要优化完善就业智慧信息网,更好地服务于高职生就业工作。

搭建网络信息平台,构建多级立体联动网,加强高职生就业的危机预警和信息管理工作。一是搭建就业信息服务网,通过QQ群、微信等新媒体平台收集招聘信息,实现"点对点"就业信息推送、就业指导和就业帮扶;二是构建危机预警网,搭建由就业专职辅导员、教研室主任、班主任、班长、舍长等就业联络人组成的信息反馈系统,订立体危机预警机制,时刻把握高职生对待就业工作的思想动态和心理状态,为就业困难群体答疑解惑,及时干预危机信息,第一时间化解消极因素。

完善就业信息平台推送机制,充分利用"互联网+"就业新模式,不断丰富精准对接服务内容。多途径、多方式地收集就业信息,加大就业信息、就业政策的宣传力度,如关注"广东省大学生就业创业"微信公众号，第一时间推送网络招聘会、网络招聘简章等信息；利用学校就业服务平台将毕业生求职意愿信息数据库与用人单位岗位需求信息数据库进行比对，智能化匹配学历、专业、地域等关键信息，为毕业生与用人单位精准推送符合要求的供需信息。形成"就业专职辅导员＋专业指导老师"的专业化团队，及时收集、整理、发布供需信息，做到适时更新、即时统计，开辟就业帮扶绿色通道，实现信息到人，优先推荐。针对高职生自身特点，从单位信息数据库寻找出适合不同类型高职生的就业岗位，主动与该单位联系，介绍高职生的优势，搭建沟通交流的平台。

综上所述，就业网格化管理模式是在"双高计划"建设的背景下，将毕业生就业管理服务、就业岗位推送、就业工作育人三个层次推进落实的具象化，是破解高职生就业困局的有益探索，为提升高职生就业质量积累了经验。

第五章 "双高计划"背景下职业高等教育创新研究

第一节 "双高计划"视角下会计专业群建设

"双高计划"指出,我国在 2022 年前,要建设 50 所高水平高职学校和 150 个高水平专业群。对绝大多数的高职院校而言,在教育部规定的框架下,要努力以培育高职院校学生总体素质为主,以高水平人才培养体系建设为核心,科学地借助互联网带来的信息红利开展高水平专业建设,最终推动学校的专业群建设。

在我国高职院校专业分布中,会计专业的建设是主要组成部分,未来会计专业的发展可以形成深入合作并通过不断探索最终形成由审计、会计、金融等专业组成的会计专业群。会计专业群既能够为会计审计理论和金融相关理论的研究提供新的思路,同时也能够在未来实务界的发展中更好地与企业发展相融合。站在高职院校的角度来看,多方面组合同类型的学科能够起到相互补充的积极效应,对学生而言能够更加关注自身会计实操能力的培养,对教师而言能够直接提升其教学能力。高职院校对会计专业群的建设能够促进其教育目标的快速高效实现,同时也符合当前国家提出的"双高计划"的高职教育建设目标。

一、高职院校会计专业群的组建

本科教育注重对学生理论知识的培养,高职院校和本科院校的教育有着本质区别,高职教育的重点主要放在对学生的实践操作能力的培养。因此在高职教育的过程中,会计专业群的建设也会和本科教育中的会计学科建设有较大的差异。本节在结合"双高计划"的角度下,以研究会计工作流程和会计岗位的环境等学生的技能训练为切入点,实现会计、审计以及金融等相关专业的耦合式发展,充分形成专业群之间的资源共享,最大限度地发挥会计专业群在高职院校会计人才培养中的作用。

首先,在组建会计专业群的过程中,对重点专业的选择是专业群的重要任务。这是因为,重要专业在群组中往往需要担任核心的角色,并且重要的专业能够较有效地代表当前会计专业先进的教学思维和教授思路,能够在专业群中起到导向作用。另外,优先确定重要专业后，对其他的附属专业能够起到联结带动作用，并最终贯彻专业群内的所有专业，形成有效的专业群。其次，高职院校的会计专业群的建设不仅仅是为了当前满足教育部门的政策需要，还要对我国整个会计行业的人才输送进行一定程度的改革。改革的目的也不仅仅局限于教学内容和教学思路的改革，而是以更加贴近会计职业岗位的需求的目的进行专业群建设，在培养过程中对接企业最新的会计岗位所需技能，进行有针对性的训练和技能培养。这对高职院校的要求是不能只将目光放在院校本身，而应该将会计工作的实际要求和技能注入教学中。最后，进行会计专业群建设的目的和意义有两个方面：一方面为了满足教育教学改革提出的要求，是教学改革的关键所在，对老师提升教学能力订了具体的目标和要求，对学生接受高职教育会计专业课程提供了切实可行的技能训练；另一方面，对于我国会计岗位的发展也有了坚实的人才输送系统，围绕会计专业群的建设，能够多层次、全方位地满足会计岗位对会计人才的需求，打破传统会计人才的饱和情况，建设全能型会计人才。

二、高职院校会计专业群实践体系的构建

高职院校在关于专业群的构建体系，经学界和业界的探究，普遍采用的方式是通过对原来的教学内容和实训体系进行重新组合并组建能够以岗位训练为核心的专业教学体系。高职院校在会计专业群建设的过程中，主要考虑以下三方面：

（一）校内会计专业群实践体系的构建

高职院校对其校内会计专业群建设的过程中，主要针对的是对会计专业体系内的课程设计的更新。总体来看，在设计时要对原有的会计专业体系进行调整，需要重新整合教学资源，由于涉及多个专业的相互协同问题，培养计划和教学方式都不尽相同，因此需要在构建的过程中讨论如何融合。另外还需要考虑到会计专业群教学活动的开展与实务岗位的匹配程度。为此，高职院校需要在课程设计上进行变动，如对不同专业的学生接受的课程进行更改，需要设计能够容纳多个专业一同上课的教室和与之对应的教学设备设施；同时，对授课老师也要进行相关培训，由于会计专业群所采用的课程融合了多个专业，因此不能再像传统专业教学只负责教授本专业内的知识，而是应该将整个专业进行有效贯穿。在高年级的教学内容中还应该多融入实习的机会，争取让学生在校内外进行仿真模拟的全岗实训知识的培养，只有这样才能够为其在未来的分岗实训中打下良好的岗位适应能力的基础。

（二）校外会计专业群实践体系的构建

高职院校与本科院校最大的区别在于让学生更为完整地感受到实际的职业技能训练。因此，会计专业群的建设要对这一特征继续深挖。如果单纯地依靠校内开展实训模拟，那么学生则会产生无所谓的心理，因此校外的实践体系的建立就显得格外有必要。会计专业与外界企业的联系有多方位的角度，相关企业如会计师事务所、代理记账公司、税务师事

务所等事务所企业，抑或是与当地企业进行岗位实习培训对接项目。由于考虑到企业的正常运营，即便无法开展实习项目，校方也可以组织安排学生到上述企业公司参观和学习交流，深刻感受专业一线的特征，借此来培养学生职业素养和职业能力。

（三）校内外合作实践体系的构建

根据上述两类体系的建设，校内校外合作的实践体系构建的根本目的就是促进高职院校与企业的深入发展和交流合作。深层次地看，有两方面的影响：首先，对于高职院校而言，考核院校实力的一个重要指标是该高职院校的毕业生就业状况。通过与校外企业合作构建校内外相结合的实践体系，能够为其毕业学生提前寻找到合适的就业岗位，保证高职院校的毕业生就业率，这在高职院校的培养体系中被称为"订单式培养模式"，这是高职院校区别于本科院校毕业生就业的一个典型特征。其次，对于企业来说，与高职院校会计专业群体体系合作，能够在很大程度上减少企业的用工和招聘成本，同时，在合作过程中，可以通过与高职院校签订合约派遣校外导师定期开展企业实务讲座等加强校企深入交流。由于事先对高职院校毕业生有所了解，因此对于引进的高职院校毕业的职工，省去了较多烦琐的考察，为企业节省了较多的人力和物力成本。

三、完善高职院校会计专业群构建的措施

为保障高职院校会计专业群建设的稳定推进，需要在校内外对会计专业群涉及的相关设施设备进行盘点并提出保障措施。

（一）基础设施保障

为遵循教学体系的建设规律，首先需要对会计专业群建设所涉及的基础设施进行修复和重新组建。其中，最重要的是对会计专业群所使用的校园设施进行保障，如学生上课所使用的教室和教室内的教学设备等；与校外企业相互联通的实训基地以及实训设备，包括电脑、实训手册和教学设施等。而且，由于涉及的专业较多，学生数量会比以往多出数倍，因此同一节课可能要开设两个班级同步进行，这种教学方式能够确保同专业两个课程的进度保持一致，更好地进行下一阶段的教学任务。在实验实训环节，要注意对学生实训进程的把控，方便会计专业教师对学生实践操作的观察与指导，一切布置以提升实训效果为目标。

（二）课程软件保障

会计专业和其他专业最大的不同之处在于实训课程上有贴近企业实操的软件和数据能够对学生进行教学。会计专业群所使用的软件与传统会计软件相比有所差异，在此基础上，需要重新对实训教师继续培训以使其能够充分理解实训软件的更新进度。同时，学生在进行软件实操时，也应该充分理解实操的各个步骤以及实训的意义。因此实训软件的选择是会计专业群建设的一个重要环节。不能够单纯地追求成本效益，而是应该综合考虑会计专

业群建设的教学效益,使软件的设计思路充分满足会计专业群跨专业分岗实训的根本需求,既能够充分满足大专业学生数同时使用的现实要求,也应具有实时更新的能力,及时对企业数据进行改革,从而与企业实现紧密结合。

第二节　"双高计划"背景下校企合作

伴随着"职教 20 条"的实施,各行业产教融合、校企合作的思路和机制不断创新,我国职业教育校企合作有了新的内涵和发展。2019 年,《教育部财政部关于实施中国特色高水平高职学校和专业建设计划的意见》(简称"双高计划")的颁布,对高职院校的校企合作提出了新的任务,要求高职院校与国内同行业技术领先的企业在人才培养、社会管理服务、技术创新、就业创业、文化传承等多个方面进行深度交流和合作,形成校企合作命运共同体。高职院校产教研相融合、校企合作一体化是国内外职业教育的基本办学理念和模式,是我国办好高等职业教育的核心和关键所在。在"双高计划"背景下,应深入研究高职院校面临的机遇和挑战,以德国"双元制"为参考,以培养高技术技能人才为目标,把知识分类理论应用于人才培养,重构校企合作模式。

一、"双高计划"背景下校企合作面临的机遇和挑战

"双高计划"确定的总体目标是:到 2035 年,一批高职学校和专业群达到国际先进水平,引领职业教育实现现代化,为促进经济社会的发展和提高国家竞争力提供优质人才资源支撑,并形成中国特色职业教育发展模式。明确提出高职院校要落实立德树人的根本任务,注重大学生德智体美劳的全面发展,也着重强调完善工学结合和德技双修的育人机制。同时要求高职院校把握全球产业迭代和国内产业升级的趋势,积极与市场供需紧密结合,进一步推动专业建设和产业发展相匹配,使专业真正为产业实践培养人才。在此背景下,高职院校校企合作面临着新的机遇和任务。

(一)深化办学机制创新,提升学校办学活力

对高职院校办学活力的提升一直是党和国家非常重视的问题,国务院颁布的《关于深化产教融合的若干意见》《关于加快发展现代职业教育的决定》《国家职业教育改革实施方案》等文件都已明确提出了多元化办学的问题,倡导行业和企业都要积极参与到职业教育办学过程中去。但在实际办学过程中提升学校办学活力也受到一定的限制。"双高计划"提出了健全培养机制,鼓励行业和企业与学校开展共同建设和共同培养,并明确提出了相关政策的要求。"双高计划"为深化校企合作、产教融合,推进政行企校共建,加快校企合作,引进新技术、新资源创造了条件,也提出了迫切的要求。

（二）深化培养模式改革，提升人才培养质量

"双高计划"明确提出了要落实立德树人的根本任务。提出进一步深化培养模式的改革，着力培养一批社会真正需要、技术技能过硬的高素质技术技能人才。因此，深化校企合作、引进企业资源、共同完善人才培养机制、完善实习实训基地、加快高水平人才引进、共同开发校企共建教材、实现"双元"育人、真正提升人才培养质量，是高职院校目前的重要任务。

（三）推进校企精准对接，提升社会服务能力

目前，高职院校在培养学生的过程中缺乏技术创新能力，无法真正进行深入的校企合作。在经济结构转型过程中，产业升级迭代速度快，在此过程中对中小微企业有更高的要求，这有利于推动校企精准对接，共同进行项目合作。同时，在建立新的创新平台和共同开发技术成果的过程中，可以让学生真正做到"做中学""学中做"，不断提升自身的技术技能水平和社会服务能力。这样就为产业升级和结构转型提供了动力，真正可以助力中小企业的发展。

（四）坚持整体发展理念，建设高水平专业群

"双高计划"提出了建设高水平专业群的要求，这在一定程度上打破了专业壁垒，能真正实现学科交叉，有利于适应快速多变的市场环境。专业群建设不同于专业建设，它要求各专业紧密围绕专业动态进行调整和优化，而面对学校无法实时关注市场的困境，校企合作、共同开发人才培养方案是最有效率的途径。面对"双高计划"的要求，专业群建设要从整体出发，打破各专业的资源垄断，围绕产业进行专业群发展，只有在人才培养方案、课程建设、实训基地等各方面深入开展校企合作，才有助于打造符合市场需求的专业群，才能真正培养出高质量的复合型人才。

（五）完善双师队伍建设，深化产教融合

职业教育是可以更好地服务市场的教育，要有高质量的人才培养目标就需要高水平的师资队伍。党和国家非常重视"双师型"教师队伍的建设。但在实际的办学过程中，对于"双师型"如何界定、如何引进具有高水平的师资等问题的解决并不理想。现在，"双高计划"明确提出了"双师型"的要求。这为健全"双师型"师资队伍建设制度，推动高技术人员进入学校提供支持，也要求高职院校深入校企合作和产教融合，在合作中把"双师型"师资队伍建设得更加完善。

二、"双高计划"背景下以知识分类理论为依据的校企合作模式

如何培养高技术技能人才是"双高计划"迫切要解决的问题。过去存在校企合作深度不够、机制不健全、企业动力不足等制约因素，这些从实践角度有很多方面的解释，但对如何解决以上问题缺乏理论支持。在实践过程中，我们发现在职业教育领域，获取技术技

能本领应有其特有的知识结构。可以说，知识结构理论为分析和解决校企合作中的问题提供了理论依据。因此，从培养人才的角度出发，从知识分类的角度对职业教育如何培养高技术技能人才提出以下要求：

（一）学科知识与实践知识密不可分

亚里士多德曾经把人类的知识分成三大类，即纯粹理性的知识、实践理性的知识和技艺的知识。关于纯粹理性的知识，亚里士多德认为是像逻辑、数学等需要精细化学习的学科；关于实践理性的知识，亚里士多德认为大致是实际生活中的方法；而关于技艺的知识，亚里士多德认为是很难用语言来描述的，都是在实践过程中才能把握的知识。而对于职业教育中要培养的技术技能专长，主要分为两个方面，即实践知识和学科知识。在本学科领域中要培养高技术技能，就是培养人在该领域内获取新知识的能力，这种新知识就需要人们从大量的实践知识和学科知识中获取。

在职业教育中前期培养高技术技能人才，更多的是重视学科知识的培养，忽视实践知识的获取，导致很难真正使学生具备实践能力。随着时间的推移，很多人开始认识实践知识的重要性，认为这是职业教育的关键，但又因忽视了学科知识的传授，导致只能培养出一般的初级工，很难培养出高技术技能人才。其实，实践知识的获得并不是独立存在的，必须有学科知识的支撑才能真正地获得，二者密不可分。

因此，学校应着重培养学生获取学科知识的能力，而只有引入企业才能更好地培养学生获取实践知识的能力；只有深化校企合作才能把学科知识和实践知识融会贯通，真正培养高技术技能人才。

（二）程序性知识和陈述性知识相互转换

陈述性知识更多地被称为生活中的知识，经常用来回答 what、why、how 的问题，也被称为记忆性知识；而程序性知识被称为生活中的技能，更多的是用来解决怎么做和做什么的问题。真正的高技术技能人才一般属于本领域中可以把陈述性知识和程序性知识更好地结合和转换的人，从初学者到专家就是经历一个从陈述性知识往程序性知识提升的过程，初学者更多的只是掌握了陈述性知识，而并未掌握程序性知识，也就是实践中灵活应变的能力。因此，在职业教育中，对待技术技能应注重其陈述性知识向程序性知识转化的能力。

（三）外显知识和内隐知识相互融合

日本的一位专家野中郁次郎（Ikujiro Nonaka）从事知识管理专业，曾经研究了显性知识和隐性知识相互转换的问题，认为内化（Internalization）就是把显性知识转变为隐性知识。这种知识转换的过程是提升个人或企业团体能力的重要方式。波兰尼又将知识分为内隐和外显两个部分，其中外显知识就是可以用语言和文字等表述的知识，而内隐知识也被称为默会知识，是在学习过程中只能意会不可言传的知识。

从职业教育培养目标出发，在培养技术技能人才时，多采用学徒制的方式，就解决了无法用语言去传授知识的困境。在学徒过程中，可以通过观察和体会慢慢地培养其技能知识。因此，在职业教育人才培养过程中，引进人才显得尤为重要。首先，可以解决很多知识无法用语言去描述和教授的问题；其次，可以解决培养的学生不会自己思考的问题。在与师傅或专家学者的接触过程中，学生可以由普通的学校学习转变为自主学习，通过观察和效仿等，不断提升自己的思维和创新能力。

（四）知识结构思维融入职业教育始终

首先，在职业教育过程中，务必把学科知识和实践知识密不可分的思维方式融入人才培养方案和课程设计、教育教学各个方面。其次，重视程序性知识，要利用校企合作的资源培养学生多情境下处理问题的能力。最后，根据外显知识和内隐知识相互融合的经验，可在人才培养方面更加重视学生的观摩、交流和实践能力。深化校企合作的方式可以根据知识结构的分类阐述开展，把高职院校学习、实习基地学习、职场观摩学习、工作实践等方面有机结合起来，将陈述性知识转化为程序性知识，锻炼其获得内隐知识的能力。这样才能有利于适应社会日新月异的变化。

在职业教育过程中，深化校企合作，借助行业企业的资源与学校共同建设，可通过共建实习实训基地、共同研发项目、现代学徒制等方式实现高职学生知识体系的重构。

三、德国"双元制"为校企合作模式创新提供实践借鉴

在知识结构分类的视角下，高职校企合作有了坚实的理论依据，也为深化校企合作提供了新的思路。在具体实施过程中，分析和总结德国"双元制"的实践，吸收和借鉴其成功经验，可以走一条适合我国高职院校校企合作的有效路径。

（一）有助于培养高素质职业技术人才

德国"双元制"是比较完善的校企合作制度，充分体现企业和学校共同育人的模式。改革开放以来，我国在短短的 30 年里成为"世界工厂"，但一些产品在世界市场范围内被一些消费者指责质量问题。国务院出台的《中国制造 2025》提出，要提高产品质量和技术含量，要使我国从"中国制造"变为"中国智造"。这就对我国的职业教育提出了更高的要求，因为以严谨和高品质著称的德国产品就是源于德国职业技术人才的高素质。

在德国的职业教育中，有 216 所应用技术大学，占德国高等学校总数的 51%，而且有增加的趋势。德国学者在研究中提出德国有 2/3 的学校毕业生都接受过"双元制"培训。一方面，在学校专门进行知识、专业理论的学习；另一方面，在企业进行专业技能培训。这样使得德国的学生可以更好地把学科知识和实践知识融会贯通。

（二）有助于职业教育突破传统观念

与德国的"双元制"发展模式和理念相比，我国在职业教育发展过程中仍有很多问题。首先，过去受传统观念的影响，很多家长对职业教育并不认可，甚至出现抵触心理。其次，我国过去部分高职院校缺乏创新思维，对人才培养和课程建设没有体现出职业教育特色，

这也是由于学校并未了解程序性知识和陈述性知识相互转换的重要性。最后，近几年部分院校转型为本科层次的职业院校，但转型后仍因缺乏人才和新的学科思维，很难短期内培养出符合市场需求的高技术技能人才。因此，更应把知识结构思维融入职业教育思想，进一步把"教学做合一"的课程模式做好。

（三）促使校企资源共享、合作双赢

职业教育的"学中做、做中学"分为多个层次：第一层次，在传统课程中加入实践操作环节，但还是主要以教师教授为主，学生并未有自主学习的体验，目标不明确。第二层次，有一定的目标性，学生愿意去企业参与实践，并在实践中学习和提高。第三层次，增强创新性，用带有研究性的方法研究整个职业技术的流程和理论，能发现原有问题，设计出新的解决方案。这在知识结构分类中也可以用理论依据证明这一点。首先是学科知识和实践知识密不可分；其次是重视程序性知识；最后能根据外显知识和内隐知识的相互融合，进一步培养学生的创新意识。而深化校企合作，借助行业企业的资源共同培养学生，成了最有效的方式和方法，不仅节省了企业培训新员工的时间成本，还可以把程序性知识进一步教授给学生，促使校企资源共享、合作双赢。

四、"双高计划"背景下校企合作模式再思考

目前，我国高职院校校企合作模式还存在形式单一、合作较浅、缺乏互助意识等问题。第一，企业积极性低，在合作过程中，企业想以最小的投入获得最大的经济价值，快速获得收益的目的不现实。第二，高职院校校企合作机制不健全，对于合作流程还不明晰，缺乏合作的稳定性。第三，缺乏相应的实习实训基地经费支持。笔者认为，知识结构分类理论为校企合作提供了理论依据，德国"双元制"为校企合作提供了实践经验，只有把二者结合起来才能真正解决以上问题，真正地践行合作育人机制，深化校企合作，进行双主体教学，实现实质意义上的校企合作。因此，要做到真正意义上的校企合作，高职院校和企业需要共同向彼此开放，从培养学科知识和实践知识、程序性知识和陈述性知识、显性知识和隐性知识的多个维度进行。具体来说，可从具体的市场调研、企业需求等方向进行专业设置和迭代。还需要对人才培养和交流沟通订有效的培养方案，引入企业和社会资金加大教育投入，政府鼓励、企业支持、政行企校全面合作，促进高职教育从单一化向多元化转变。结合知识结构理论和德国"双元制"经验，在"双高计划"背景下，高职院校校企合作应有新举措。

（一）校企合作应完善理论与实践融合的教学体系

职业院校应根据市场需求把学科知识和实践知识进行重新梳理，不同的专业对学科知识和实践知识有不同的要求，要以市场调研数据为新的导向，对学科知识和实践知识进行配比，以不同比例和时间段对人才培养方案进行修改。在具体的实践操作过程中，可以德国"双元制"发展模式为参考，进行理实一体化教学，把讲授知识和应用知识有机结合起

来，以企业需求为导向进行问题式、项目式演练。

要注重高职院校学生技术技能和创新应变能力的培养，认真对学生专业所需要的程序性知识和内隐知识进行归纳总结，以更好地传授各类知识为目的，真正培养学生克服困难、解决问题、适应不同岗位和市场需求的能力。

（二）校企合作应注重各类知识的转换和情景应用

以德国"双元制"为例。一方面，在学校专门进行知识、专业理论的学习；另一方面，在企业进行专业技能培训。这样可以在实践中不断总结出新的教学模式和技术技能养成方法，真正做到"知行合一"，从实践中来，到实践中去。

首先，校企合作共同育人应以促使各类知识有机融合为目标，进行师资队伍建设，并对学习实习实训基地、企业实习等多个方面进行整合，使学生能够根据不同的情景将学科知识和实践知识、程序性知识、内隐知识和外显知识等相互转换，促进个人成长。其次，校企合作应充分发挥行业和企业有效资源的作用，将行业和企业的资源通过教学优化成各类知识，再通过学生学习和实践，使专业课更符合社会需求。最后，确保学生参与高水平、高质量的实践活动，能接触更先进的理念。例如，德国"双元制"教学有一部分是直接到企业接受技术技能培育的，学生接触的都是企业的技术技能专家，这样才能使学生真正地融入其中，获得更多的内隐知识。

（三）校企合作应以培育优秀的职业人为目标

真正优秀的技术技能人才，乃至大国工匠，还需要有正确的世界观和价值观。第一，要培养学生良好的敬业尚德精神，贯彻落实好教育部提出的育人要求，不能在学习技术技能的过程中缺失人格培养。高职院校不能单纯地把培养高技术技能放在首要位置。第二，面对日新月异的社会，高职院校应注重把陈述性知识和程序性知识更好地结合和转换，让学生能够真正成为技术技能专家。第三，在全球化和"一带一路"建设背景下，各专业相互融合、学科交叉解决问题的案例层出。对于高职学生，不仅要传授其学科知识，更应培养其职业人格，建立一个完善的培养体系。第四，在学校内建企业，在企业内建学校，构建意义更为广泛的校企合作模式。

（四）校企合作要做好长期和多元建设的准备

高水平的人才培养不是一朝一夕可以完成的，深化校企合作不是单纯的表面工程，它是需要政府、行业、企业和学校等共同努力和长期实践的结果。双方的合作不是简单地输送毕业生，而是需要在企业和学校等多方充分认同的基础上，通过培养学生对学科知识、实践知识、程序性知识和内隐知识的充分认知，共同开发课程，共建制订人才培养方案，共建企业大学。真正把学校课程和企业实习、学校社团和企业团队、学校实训和企业项目开发等结合起来，做到你中有我、我中有你、互惠互利、长期发展，形成真正的"双主体"育人的多元教育体系。

综上所述，在"双高计划"背景下，高职院校面临新的形势和要求，校企合作面临新的机遇和任务。运用知识结构分类理论对校企合作进行深入的理论分析，为校企合作发展方式找到理论依据。在此基础上，以知识结构理论和德国"双元制"模式为实践基础，依据"双高计划"的要求，今后的校企合作模式仍需不断探索和完善，最终促进产教融合、校企合作落地做实。

第三节 "双高计划"背景下专业带头人培养机制

中国的职业教育经过 20 多年的历程，由规模扩张转入质量提升和特色发展的新阶段，建成了世界上规模最大的职业教育体系，形成了具有中国特色的现代职教体系基本框架，服务区域经济、促进社会公平的作用不断彰显，成为一种教育类型。2019 年，教育部、财政部联合印发《关于实施中国特色高水平高职学校和专业建设计划的意见》，简称"双高计划"，提出集中力量建设一批引领改革、支撑发展、中国特色、世界水平的高职学校和专业群，"下一盘大棋"，舞动"龙头"学校，引领改革创新。以实现"双高计划"建成目标为出发点，探索并解决高水平教师队伍建设和专业带头人的培养机制，推动职业教育人才培养质量的提高，促进院校治理体系的创新。

一、专业带头人培养机制建设是职业教育高质量发展的现实需要

（一）建设高水平双师队伍是贯彻国家教育改革部署的迫切需要

无论是教育领域最具权威的综合规划《中国教育现代化 2035》，还是专项规划《中共中央国务院关于全面深化新时代教师队伍建设改革的意见》和《国家职业教育改革实施方案》，都对教师的建设和管理提出了明确的目标和任务。打造高水平双师队伍是"双高计划"中"一个加强、四个打造、五个提升"十大建设任务的重中之重，是完成其他任务的基本条件。尤其是教育部《深化新时代职业教育"双师型"教师队伍建设改革实施方案》更是具体地提出了职业教育师资队伍建设的目标和任务，是"双高计划"背景下高职院校师资队伍建设和管理的纲领性文件，是国家的需要。

（二）高水平专业带头人是高水平师资队伍的关键要素

俗语说"火车跑得快，全靠车头带"，说明领头者的重要性。职业教育也不例外，高水平师资队伍少不了高水平专业带头人的领衔示范。专业带头人是教学科研团队的关键要素，高职院校的办学质量很大程度上取决于专业建设成效，而专业建设水平高低与是否有一支德才兼备的优秀专业带头人队伍紧密相关。专业带头人是本专业教学改革与研究团队的组织者和领军人物，其水平代表学校在此领域的最高成就，是专业办学质量和业界影响力的集中体现。作为教学骨干和学术权威，专业带头人在"双高计划"建设的作用举足轻重，在团队建设和专业发展过程中起着龙头作用。

（三）专业带头人培养机制建设是职业院校高质量发展的现实需要

职业教育高质量发展表现出六大要素，建成了一支教学和科研能力过硬的"双师"师资队伍，专业带头人在教育及专业领域拥有话语权是其核心表征。然而一部分职业院校对专业带头人的职能定位不清晰，责任权利定位不明确，没有切实可行的管理办法和操作程序，普遍存在着专业带头人就是一种荣誉或者功臣的观念。特别是与教研室主任之间的关系没有明确界线，交叉错位，缺乏统一的培养标准和考核激励措施，自由生长，往往成为一个关注度不高的群体，发挥其引领和表率作用的渠道不通畅，影响专业建设高质量发展的进程，建立专业带头人培养机制成为"双高计划"学校迫切需要解决的内在诉求。

二、专业带头人的职责分析

（一）专业带头人的职责定位

专业带头人不属于行政职务，不是日常事务的组织者，也不是基层教学单位的领导人，而是高校教师教学、科研、社会服务和文化传承四大职能的典型代表，是专业教学团队的灵魂人物，是专业建设路径与远景目标的决策者，主要职能包括五个方面：

一是本专业中长期规划的设计者。作为专业建设领导者，专业带头人除了配合教研室主任完成基本的行政事务，主要精力聚焦在本专业发展的一些重大战略事项和对外沟通合作上，紧密跟踪行业产业发展动态，主动思考并谋划专业建设的未来和方向。二是重大项目的负责人和重要参与者。专业带头人应积极整合校内外优质资源，组成团队申报各种重大项目，如教研教改和科研项目、教学创新团队建设、学科专业竞赛、专业教学资源库项目等。三是中青年骨干教师的专业导师。专业带头人一般学术造诣深厚、学术思想活跃，有明确的专业研究方向，能为中青年骨干教师做好职业生涯规划，组织和带领骨干青年教师进行专业建设，在教学科研方面给予指导。四是"三教"改革的引领者。以"双高"建设为契机，在高水平教学能力、高质量教学方式方法、高规格教材编写方面起带头作用，突出教师、教材、教法三项改革重点的引领性地位。五是专业最高水平的典型代表。专业带头人是所属专业在社会上最具话语权和最有知名度的教师代表，是教学研究和技术攻关的主要完成人和引领者，其自身不仅要在教学改革、技术研发、社会服务方面起示范带头作用，更重要的是组织和引导所在专业教师团队形成合力，积极参与项目建设，通过分工协作，带动团队积累经验共同提高。

（二）专业带头人与教研室主任的关系

专业带头人不同于教研室主任，职责和工作侧重点均不一样。教研室主任的重点工作是教研室日常事务的管理，有明确的岗位职责，因此有一定的行政管理职能，而专业带头人着眼于专业建设，强调的是项目牵头、学术引领和团队建设作用。专业带头人相比于教研室主任或专业主任，其工作性质更为抽象，内涵更加深入，对其知识体系和洞察能力的要求更高。但两者又相辅相成，教研室主任主要是常规教学工作管理，如制订教研室年度计划、起草专业人才培养方案、编制课程标准、协调教学进度、学生学习情况反馈、组织听课评课等教研活动，了解教学质量实施情况和招生宣传，就业推荐，负责教师日常考核等。专业带头人的立足点在专业发展，在重大项目申报、课程体系设计、教学资源开发、团队建设、实习实训基地建设等核心问题方面，发挥项目主持人和校内专家的指导作用。

（三）"双高计划"学校对专业带头人的资历要求

中国特色高水平高职学校和专业建设计划和全国职业院校教师教学创新团队建设方案明确指出，团队负责人要具有改革创新意识和较高的学术成就，要具有较强的组织协调能力和合作精神，要熟悉教学标准、职业技能等级标准和职业标准，要具有丰富的课程开发经验，优先考虑已经主持了省级及以上"双师型"名师工作室、技能大师工作室、技艺技能传承创新平台的高级职称教师，并强调团队负责人必须是具有丰富企业实践经历或经验的专业带头人。由此不难看出，领军能力、教学科研水平、社会服务经验、行业话语权、影响力五个方面是"双高计划"遴选和培养专业带头人的核心指标。

三、专业带头人培养路径设计

（一）教育领域与行业企业双导师指导

按照"双高计划"的要求，建成高水平的高职院校教师队伍的核心是培养高水平专业带头人。要树立教育领域与行业企业协同发展的理念，创建双导师制，发挥"1+1>2"的效应，以最大效力推动教师的专业发展。专业带头人开展教育领域跨专业合作研究，促进专业之间的交互作用，形成专业发展力量，提升专业发展能力。通过校企、校行合作建立教师企业实践研修基地，开展教师定期到企业、行业、机构挂职定岗锻炼活动，企业大师带引教师共同承担任务，解决企业的各项难题。专业带头人要走出去，行业精英、能工巧匠要请进来。通过实行学校和企业双导师的指导，不仅可以搭建学校与企业紧密合作的桥梁，而且可以让专业带头人有更多机会深入企业，帮助企业解决实际问题，掌握行业动态和人才需求情况，积累实际经验，更有针对性地开展专业建设工作。

（二）学历提升与培训进修双轨道牵引

进修培训与学历提升是师资队伍建设的一项长期而且重要的工作，鼓励专业带头人进行在职培训进修与学历提升，扩宽其视野，提升教育教学、管理决策等能力。在实际做法中，注重把握"专业对口、学以致用、按需培养、注重实效"的原则。鼓励专业带头人在职攻读博士学位，提升专业知识和科研能力。尽量多安排专业带头人参加省部、国家级培训和国际交流活动，及时掌握国际、国内的新知识、新技术、新工艺，加强职业教育新思想新理念的培训，提高专业带头人教育教学改革能力和地方经济服务能力。

（三）教育教学能力与科研学术水平双轮驱动

专业带头人是学校通过一定的规章程序遴选出来的，本身具备较强的专业能力及教科研能力，但他们在担任专业带头人后，所担负的责任更大更重，更应该加大对其培养的力度。通过相关制度激发专业带头人的内在学习动力，在各种培训和教学竞赛中使其专业能力、教科研能力进一步提高，相关的学科知识更加丰富深刻，撰写高水平的学术论文，争取各种重大项目和课题，使其成为其他教师的领头人和标杆。

（四）教学项目与社会服务项目双管齐下

专业带头人在遴选时，重点考察的是个人能力，主要包括教学水平和科研成果。但一旦确定为专业带头人培养对象或者专业带头人岗位，需要向团队带头人的角色转换，牵头项目申报和建设，养成整体思维，提出系统性解决方案，无疑是最有效的途径。教学方面的项目很多，品牌专业、精品在线开放课程、实践基地、技能竞赛赛点、培训中心、教学创新团队等。社会服务项目是联系学校与行业企业的纽带，对提高专业带头人的社会实践经验、深化校企合作、产教融合有着重要的意义。比如成立工程中心、产业学院、承接横向课题、组建团队技术攻关、解决企业难题、撰写决策咨询报告等。通过负责这些项目，让专业带头人渗透到行业企业的技术骨干队伍中，与他们充分沟通和探讨，将理论知识和企业需求结合起来，形成完整的解决方案，并反馈到教材和教学过程中，在向社会输出技术和智力的同时，强化人才培养的针对性，同步提高学生和教师的职业技能。

（五）个人能力与团队指导双协同推进

专业带头人要具有较强的个人能力和管理能力。作为专业带头人，绝不是仅限于个人的发展与成功，应突出表现在能带领整个专业团队追求共同的目标，坚持共同发展、共同成功。一方面，通过多种途径提升专业带头人的个人能力；另一方面提高专业带头人的团队指导能力，让其能够造就一支团队，影响一支团队，引领一支团队，最终实现团队的共同发展和共同价值追求。

四、"双高计划"背景下专业带头人考核与激励机制设计

（一）考核机制设计

改进对专业带头人培养对象绩效的考核主体，由人事处牵头考核升级到学术委员会直接负责。将传统的以教学工作量和科研成果数量为主的事务型考核方式调整为综合评定模式，实行聘期总体评价制度，通常每三年为一个聘任周期，聘期末评价，每年度进行中期检查，学术委员会联合人事处、教务处、科研等部门对其专业能力提升情况进行评价，并给出建设性意见，重点考查标志性成果、省内外影响力等数量指标和质量因子，综合评估专业带头人在人才培养方案订、课程与教材开发、校企合作基地建设、人才培养质量提升和满意度等工作中的履职情况，专业在全省的排名、录取线、毕业生的就业竞争力等均可

纳入考核范畴,形成整体性评价结论。专业带头人每年定期面向学术委员会进行专题汇报,并提出下一年度的目标任务。根据考核结果的等级,发放岗位津贴和奖励基金,根据下一阶段预设标志性的难度或以追加资助经费,在聘期完成后成绩优秀者可继续聘任为专业带头人,并为其升级为专业群带头人或者行业领军人才提供便利的条件。考核不合格者,可以不再续聘,取消其原来享受的薪酬待遇和其他优惠政策。

（二）激励机制设计

激励机制包括专业技术职务及职级上升通道的倾斜、学术地位的确定、资助奖励、交流培训优先制度。对于优秀的专业带头人,在其职称推荐评审、职务提拔、学历提升、进修培训、评优评先、项目申报等方面给以重点支持,营造尊重专业带头人的良好氛围。在晋升教授职级、参评各类人才专项计划时,向专业带头人倾斜。通过行政发文明确专业带头人培养对象,培养期满应颁发荣誉证书,明确其专业领域的学术地位,给他们提供一个对外联络的光鲜身份。设立工作绩效奖励制度,肯定专业带头人的工作成绩,结合考核结果,给予相应的经费资助和课时补偿。在遴选外出参加国际国内学术交流、进修培训、行业研讨、主题发言的人选时,应重点考虑专业带头人群体,让他们有更多、更高层次的机会,走出学校,走向社会,吸收更丰富的知识,提高影响力,掌握更为优质的资源,更好地反哺专业建设。

（三）保障机制设计

保障机制主要包括组织保障和经费保障。专业带头人队伍的成长是一项系统工程,需要专门机构负责,学校领导牵头,由导师、校外知名专家、学术委员及相关职能部门主要负责人等联合组成专业带头人团队建设与领导委员会,全面负责专业带头人团队的考核与指导工作,不仅要考核预期目标能否完成,更重要的是针对不同专业不同特长的专业带头人培养对象,按照学校专业布局和发展规划,量身定制个性化培养计划,帮助他们积累教学组织经验,提高学术水平和社会服务能力。每年度的财务预算中,要设置一定比例的专项经费,方便他们组织各项活动,进行项目孵化和成果培育,在团队建设、重大项目申报和技术攻关时,要给予足够的自主权和足额的使用经费,充分调动他们的积极性,为培育更高质量的成果提供保障。

（四）案例分析

长沙商贸旅游职业技术学院是由长沙市人民政府举办的高职院校,作为"双高计划"入选学校,非常重视专业带头人队伍建设,以"双高"建设为契机,坚持外引内培相结合的培训方式,争取政策支持,将高层次人才引进计划纳入长沙市人才工程,提供引进费、科研启动费、配偶安置等优厚条件,吸引海内外教授、优秀博士、行业大师等20多名,成为餐饮、旅游、现代服务业等领域的专业带头人。每年遴选校级专业带头人培养对象,建立专家团队多对一帮扶机制,通过校企双向兼职、培训访学、项目合作、组建大师工作室、专项经费支持等方式,这支队伍在各自专业上充分获得提升的机会,成为课程开发、团队建设和社会服务方面的核心力量，2020 年立项湖南省科技领军人才一名，是湖南省高职院校唯一立项的单位。

专业带头人队伍建设是职业院校形成核心竞争力的关键因素，是创新发展的引擎，探索专业带头人培养途径，能使其在修订人才培养方案、教学资源开发、青年教师指导、重大项目建设等环节充分发挥出示范、引领作用，对推动专业建设乃至双高校建设的发展具有重要意义。本节着眼于"双高计划"建设背景，在培养路径和考核及激励机制方面做了一定的探索，但作为学校在专业领域的顶尖人才，如何将个人发展与学校战略规划有效衔接，如何协调行政职务和学术地位的相互关系，做到管理水平和专业能力同步提升，却是一项难度很大的课题，需要更加深入的研究与实践。

第四节 "双高计划"背景下高职院校国际化发展

《教育部、财政部关于实施中国特色高水平高职学校和专业建设计划的意见》（教职成〔2019〕5 号）（下文简称"双高计划"）指出，未来三年我国将集中力量建设 50 所左右高水平高职学校和 150 个左右高水平专业群，打造技术技能人才培养高地和技术技能创新服务平台，引领新时代职业教育实现高质量发展。"双高计划"是国家立足于我国高职教育办学实际，从经济社会发展、高职教育现代化建设的全局出发，以项目引领的方式提出的我国高职教育现代化建设方向，为高职院校立足办学定位、专注内涵发展、办出特色树立了标杆。引导高职院校国际化发展是"双高计划"的任务之一。在"双高计划"全面启动的背景下，高职院校要深入研究和理解"双高计划"的内涵和要点，对标"双高"建设的规格和要求，明确国际化发展导向，分析自身国际化建设中存在的问题，并订相应的国际化发展策略。

一、面向"双高计划"的高职院校国际化发展导向

"双高计划"背景下，高职院校实施国际化发展战略，首先应明确发展导向，以此形成自身的办学思想和发展原则，确保我国高职教育国际化在正确的道路上前进。

（一）以服务国家战略为根本，坚持社会主义办学方向

以习近平新时代中国特色社会主义思想为指导，引领职业教育服务国家，是"双高计划"的总体要求，也是我国发展社会主义职业教育事业的重要指向。高职院校国际化发展，不是为了国际化而国际化，而是要有明确的目标、定位和方向，其中最核心的就是要坚持社会主义办学方向，以服务国家战略为根本，推动我国向教育强国、人才强国的目标迈进。一是高职院校国际化建设要服务于进一步对外开放。2019 年 6 月，习近平总书记在二十国集团领导人第十四次峰会上发表重要讲话，宣布中国将进一步开放市场，努力实现高质

量发展。进一步扩大对外开放，既是我国产业经济全面融入世界经济体系的客观需要，也是我国产业转型升级的内在要求。高职教育通过国际化发展助力我国对外开放，助力我国产业、企业"走出去"，是其作为一种类型教育的必然选择。二是高职院校国际化建设要服务于"一带一路"建设。"一带一路"建设是构建人类命运共同体的伟大实践，是我国坚持对外开放基本国策的战略性举措。近年来，我国高职院校掀起国际化发展的热潮，很大程度上得益于"一带一路"建设带来的历史性机遇和大好形势。当前"一带一路"建设正处在全面推进的关键时期，高职院校要增强服务意识，顺应时代趋势，把国际化建设与"一带一路"建设结合起来，既借力又助力，实现高职教育与国家建设的一体化发展。

（二）以内涵建设为重点，增强国际竞争力

"双高计划"为我国高职教育高质量发展树立标杆，指明方向。高职院校国际化建设，应秉持"双高"建设的原则和理念，注重发展质量，以内涵建设为重点，不断增强国际竞争力。一是要把提高国际化人才培养质量作为国际化发展的出发点。教育的根本任务是育人，高职教育国际化发展要突出内涵，将人才培养摆在国际化建设的第一位，把提高国际化人才培养质量作为国际化建设一切工作的出发点。二是要把引进国际先进理念、标准和经验作为国际化发展的重心。我们之所以要推动高职教育国际化，一方面是为了参与国际职业教育事务，在国际职业教育市场上发出我国的声音，提供我国的方案；另一方面是为了推动我国职业教育尽快与国际接轨，尽快向国际标准看齐。因此，当前高职院校国际化建设，要把引进国际先进理念、标准和经验作为工作重心，为提升我国高职教育的国际竞争力夯实基础。三是要把文化软实力建设作为国际化发展的要点。文化软实力是高职院校建设发展的灵魂，它体现为先进的办学理念、精准的办学定位、科学的院校治理、优良的校风学风、良好的精神风貌、优美的校园环境、底蕴深厚的校园文化等，是一切非实体化并能反映院校建设质量和水平的要素的总和。文化软实力是高职院校办学实力的重要表征，是增强高职院校国际影响力和吸引力的"利器"。高职院校要在国际化发展过程中凸显特色、提高质量，必须高度重视文化软实力建设。

（三）以特色办学为主线，形成差异化办学格局

"双高计划"的核心是建设具有中国特色的高水平高职学校和专业群，注重特色发展。新时期高职院校国际化发展，要深刻汲取以往的经验教训，以特色办学为主线，形成差异化办学格局，切实提高高职教育整体质量。一是要树立独特的办学和育人理念。高职院校国际化发展既有共性规律，也要凸显个性。不同高职院校的办学定位、办学条件以及所面向的地域不同，高职院校国际化切忌盲目跟风、照搬照抄，要按照解放思想、实事求是的原则，根据学校实际订国际化发展的目标、定位、方向和指导思想，科学选择适合自身的面向地域以及合作伙伴，树立独具特色的国际化办学和育人理念。二是要着力打造特色专业并形成专业特色。专业是高职教育人才培养的载体，高职院校要凸显国际化发展特色，关键在于打造特色专业并形成专业特色。高职院校要结合自身办学实际与国际劳动力市场

需求，打造既能体现中国职业教育特点又能满足国际劳动力市场需求的专业，彰显中国高职教育的独特优势。同时，高职院校要在一般性专业教育中凸显中国教育特色，如注重思想政治教育、强调集体主义精神等。

（四）以打造品牌为抓手，扩大国际影响力

"双高计划"明确指出，"双高"院校要提升国际化水平，打造中国职业教育国际品牌。高职院校要在国际职业教育市场上立足，打造教育品牌至关重要。一是要树立品牌意识。高职院校要以品牌化发展的思维看待和理解学校的国际化发展过程，注重品质建设，订科学的品牌策略，把品牌建设融入校园建设、专业建设、课程建设、师资建设、院校治理等各方面。另外，高职院校还要树立市场意识、经营意识，注重品牌包装和宣传，建立良好的教育品牌形象，不断扩大国际影响力。二是要狠抓品质建设。品质是品牌的基石、生命线。高职院校打造国际教育品牌的根本在于提高办学和育人质量。只有持续输出高品质的人才和技术服务，才能赢得国际市场的广泛认可，形成品牌效应。因此，高职院校要实施质量建设工程，建立质量保证体系，狠抓院校品质建设，为打造优质教育品牌提供坚强支撑。三是要实现教学、管理与国际接轨。高职院校要建立国际化教育品牌，就要站在国际教育市场的角度反观自身建设，推动教学标准、管理模式与国际接轨。这既是高职院校吸收国际先进教育成果和管理经验的需要，也是赢得国际教育市场认同的手段。高职院校要逐步实现教育观念国际化、学科专业国际化、课程设置国际化、教学管理国际化等，加强学校师生与国际合作伙伴的互动和交流。学校管理层则要从国际先进管理手段着手，深化教学和行政管理改革，建立现代化治理体系。

二、"双高计划"背景下高职院校国际化发展的问题审视

基于"双高计划"的具体内容，审视当前我国高职院校国际化发展中存在的问题，是提升高职院校国际化发展水平的前提。具体而言，目前我国高职院校国际化发展中主要存在如下问题：

（一）国际化办学机制不健全

"双高计划"指出，"双高"院校要健全内部治理体系，完善现代职业学校制度，形成学校自主管理、自我约束的体制机制，推进治理能力现代化。推动高职院校国际化发展是一项系统工程，需要高职院校从基础设施、教学资源、师资力量、专业课程等各个方面内外统筹，实现国内外协同发展，这对高职院校治理能力和水平提出了较高要求。从现阶段我国高职院校国际化办学的实践来看，国际化办学机制不健全、治理水平不高是制约高职院校国际化的突出问题。一是高职院校尚未建立适应国际化发展的工作与管理机制。我国进一步扩大对外开放、全面推进"一带一路"建设，要求高职院校面向世界办学，但现阶段，很多高职院校仍未树立面向世界办学的思想理念，在发展过程中也没有把国际化作为一项战略性任务来抓，缺乏清晰的国际化发展目标和规划；在院校治理体系建设、教学体

系改革方面也未与国际化发展结合起来，导致国际化办学管理机制游离于院校治理体系之外，国际教育合作与院校专业建设、课程建设、师资建设等无法实现有效协同。二是高职院校的运行与教学管理机制难以适应国际化办学的要求。鉴于国内外社会形态、文化环境、教育办学理念和管理模式等方面的差异，高职院校要建立与国际化办学相适应的教学管理机制。但是，当前很多高职院校对国际化办学的理解还停留在互派教师研修、互派留学生、引进部分优质教学资源等浅层次上，未能从学校运行与管理机制层面进行国际化建设，对与境外相关教育机构合作时的课程、教学、科研、师资等要素协调不足，导致合作办学的专业度不高、教育质量难以保证。

（二）国际化教育资源不充分

"双高计划"的主旨是集中力量建设一批引领改革、支撑发展、中国特色、世界水平的高职学校和专业群，带动职业教育强化内涵建设，实现高质量发展。可见，扶优扶强、以点带面是我国发展现代职业教育的基本策略。高职院校国际化发展，同样应以做优做强为目标，以高质量发展为导向。高职院校要实现高质量发展，建设优质教育资源是基础。建设优质教育资源也是高职院校培养优质技术技能人才的根本支撑。目前我国高职院校教育资源的国际化建设探索虽很活跃但尚未形成气候。首先，在专业建设方面，尽管很多高职院校开展了专业教育的国际化合作，但大部分集中在对办学条件和实训环境要求较低的人文社科专业类别上，而那些符合产业发展趋势、属于新兴产业领域的相关专业却因实训条件要求高、教育资源建设投入成本大等原因，国际化合作较少。其次，在课程建设方面，高职院校课程建设的国际化程度有待进一步提高。课程国际化是高职院校国际化的重要组成部分。目前，我国高职课程建设普遍存在国际化视野不足、双语课程设置较少的问题。除了部分对外贸易相关专业外，大部分课程主要根据本区域经济社会发展需要来设立，没有围绕国际通用的职业资格证书进行高职课程的设计、开发、建设、实施和管理。

（三）国际化教育平台建设滞后

"双高计划"指出，高职院校要对接科技发展趋势，以技术技能积累为纽带，建设集人才培养、团队建设、技术服务于一体，资源共享、机制灵活、产出高效的人才培养与技术创新平台。平台化建设是现代高职教育实现高质量发展的重要途径，高职院校国际化发展也需要搭建综合性、多功能的人才培养平台，聚合国内外的产业力量和教育力量。但是，目前我国高职院校国际化教育平台的建设明显滞后于实际需要，成为制约高职院校国际化进程的障碍之一。具体表现在：一是高职院校缺乏平台化发展思维。集群化是现代社会的重要特征，当代技术创新、产业生产都表现出集群化的特点，跨界整合、抱团发展已经成为现代社会组织发挥优势、扩大规模的重要手段。高职院校推动国际化办学和发展，需要充分运用平台思维，整合各方和各界的力量，以弥补自身资源不足的劣势。然而，至今仍然有很多高职院校尚未认识到平台化建设在促进院校国际化发展中的作用，仍旧沿用传统的发展策略，缺乏对外部资源平台的整合，寄希望于凭借自身力量，逐步实现国际化发展的目标。二是高职院校国际化教育平台建设水平有待提升。高职院校国际化教育平台建设包含许多方面，如教学平台建设、产教融合平台建设、技术创新平台建设等，各平台之间既要相互独立、体现专业性和自主性，又要紧密联系、发挥协同效应。但在实践中，我国高职院校建设国际化教育平台的水平普遍偏低，只关注某一种平台建设而忽视其他相关平台建设，并且各平台之间的沟通协调不畅，缺乏有效统筹，建设效率低下。

（四）国际化师资力量不足

"双高计划"明确指出，要以"四有"标准打造数量充足、专兼结合、结构合理的高水平"双师"队伍。教师作为最重要的教育资源，是影响高职教育人才培养的关键因素。高职院校国际化发展，要高度重视师资队伍的建设，尤其要打造一支优质足量的国际化师资队伍。但是，当前高职院校国际化办学的师资力量不足。一是高职院校外籍教师数量少。近年来，不少高职院校出于提升国际化办学水平的需要，纷纷开出诱人的薪资待遇，招聘国际化高端人才，但受限于办学层次以及软硬件条件等因素，对外籍优秀教师人才的吸引力不足，外籍教师数量稀少。二是本校教师缺乏国际素养。一直以来，我国高职教育建设主要以服务地方经济社会发展为主，绝大部分高职院校立足当地办学。在服务地方的办学导向下，大部分高职院校缺乏大规模培养国际化教师的能力，也未建立完善的高职教师国际化培训体系和机制，教师出国进修的机会很少，导致大部分教师缺乏国际视野、外语应用能力不强，加强高职教师的国际素养培育迫在眉睫。三是兼职外籍教师资源仍待开发。随着我国高职教育国际化程度的加深，很多高职院校开发了中外合作办学项目，邀请一些外籍优秀教师来华开办讲座、指导教学等，但总体而言，外籍优秀教师来华进行短期授课或通过网络平台实施教学远远没有形成规模，外籍兼职教师资源仍需大力开发。

三、基于"双高计划"的高职院校国际化发展对策

高职院校国际化发展应与"双高"建设全面融合，以国内外一体化建设的思路订国际化发展策略。

（一）加强职能统筹，完善高职教育国际化办学的管理体制机制

基于"双高计划"的目标和要求，高职院校要着力加强职能统筹，深化管理体制机制改革，为提升国际化发展水平保驾护航。

第一，高职院校要完善国际化发展的管理组织架构，理顺国际化工作制度和运行机制。我国高职院校管理和运行机制未能适应国际化发展要求，根本原因在于管理组织架构建设滞后，致使国际化建设工作处于自发、随意的状态。在"双高计划"逐步启动的背景下，高职院校要以"双高"院校为标杆，按照"双高计划"的精神和要求完善院校管理组织架构。一方面，要建立国际化发展专门管理机构。高职院校要围绕国际化发展的重点目标和任务，构建熟悉国际教育规则和标准的国际合作与交流职能部门，全面统筹与国际化建设发展相关的资源和工作，贯彻落实院校订的国际化发展战略。另一方面，要完善国际化工作制度

与运行机制。根据院校确立的国际化发展方向，拓展国际化管理部门职能，形成以职能部门引领、各相关部门协同配合的国际化工作机制，落实好各部门责任，积极开发国际高职教育合作与交流项目，细化国际化项目管理办法，建立完善的国际化建设发展管理体系。

第二，高职院校要建立国际化运行协调机制，提高国际化建设工作统筹层次。在我国持续扩大对外开放的背景下，高职院校国际化的内涵不断丰富，国际化的广度和深度也将进一步延伸，国际化应成为各领域各部门协同推进的发展大计。高职院校要在不断强化国际合作与交流职能部门建设的基础上，探索建立由职能部门主导，人事部门、财务部门、教学部门以及二级学院等全部门联动的运行协调机制。一要统筹人事部门职能，协助职能管理部门订国际化人才引进与培养规划，并负责具体落实，建设一支具有国际视野、通晓国际规则、能力胜任的国际化师资与教学管理队伍。二要统筹财务部门职能，协助职能管理部门建立预算制度，确保高职院校国际化建设的各项经费和资源及时划拨到位。三要统筹教学部门以及二级学院职能，与职能管理部门共同建立兼顾国际国内人才培养的大教学体系，促进教学信息、资源共建共享，提高人才培养质量和效能。

（二）强化教育资源建设，提升高职教育国际化教学能力和水平

建设特色高水平高职院校和专业，教育资源建设是基础；实现高职院校高质量国际化，教育资源建设同样是基础。"双高计划"背景下，高职院校实施国际化发展战略，应持续强化教育资源建设，不断提升国际化教学能力和水平。

第一，高职院校要加大投入力度，为建设优质教育资源提供充足的物质保障。教育资源建设高度依赖投入。加大教育资源建设的投入力度，高职院校要从开源与节流两个方面着手。一方面，要树立教育资源建设的大时空观念，走开放化办学之路，与产业行业紧密联系，主动对接国家战略，综合利用国家和地方、教育内外部的多种资源，积极利用国家援外资金、相关企业资金，充分利用"一带一路"教育行动范围内的资源强化自身教育资源建设；另一方面，要深刻认识到国际化发展对高职院校长远发展的重要意义，深化教学改革，压缩一般性支出，砍掉非必要支出，抽离弱势专业、过时专业建设经费并将其投入国际化建设发展的急需领域，通过调整结构的办法挤出国际化发展经费。

第二，高职院校要面向国际科技前沿和产业发展的重点方向布局国际化专业。"双高计划"背景下，高职院校国际化发展，应克服畏难思想，围绕国际科技前沿和产业发展的重点方向布局国际化专业，尤其要针对国家战略新兴产业、国际高端产业布局专业，竭尽全力将相关专业建设成高水平、国际化的优质专业，使其成为高职院校国际化发展的"名片"。

第三，高职院校要强化以能力培养为导向的国际化课程建设，培养更多的国际化高端技术技能人才。国际化课程建设离不开与国际高职教育机构的合作，高职院校要寻求与自身理念相融、优势互补的国外优质高校或教育机构进行合作，结合国内外劳动力市场和岗位需求，按照以能力培养为导向的原则，共建国际化课程。在课程内容建设上，一方面，高职院校要保证教学内容更新的频率，及时删除过时、落后的内容，围绕能力培养选用重

点内容，增强课程教学的实用性；另一方面，要充分借鉴吸收国际上同类课程教学内容的优点或与国外合作教育机构联合编订课程教材，确保教学内容兼具实践性与国际性。

（三）深入推进集团化办学，搭建国际化发展实践平台

与立足国内办学相比，高职院校国际化建设，需要与国内外相关行业组织、企业、教育机构、科研院所"抱团"发展，互利互补，发挥协同效应。在具体操作层面，高职院校应建立平台化发展思维，以集团化办学为突破口，建立国际化职业教育联盟，并在此基础上搭建综合型国际化发展平台。

第一，深入推进集团化办学，建立大职教联盟。首先，高职院校要认识到集团化办学是高职教育现代化发展的趋势，把握国家鼓励提倡集团化办学的政策机遇期，积极主动地与国内外行业组织、企业、兄弟单位以及科研院所加强联系，建立联系广泛的大职教联盟，形成国际化发展共识和总体规划，为集团式国际化奠定基础。其次，高职院校要找到职教集团国际化发展目标与自身国际化发展目标之间的契合点，精准定位自身在大职教联盟内部的角色和功能。最后，高职院校作为职教联盟的主导者，要发挥主体作用，引导完善集团治理体系，建立集中统一管理与民主协商相结合的决策机制，明确职教集团建设管理制度条例，健全监督反馈机制，确保集团建设发展的方向与高职院校国际化发展的方向保持一致。

第二，依托大职教联盟，搭建国际化发展实践平台。高职院校要借助大职教联盟社会联系广泛、资源调动能力强的优势，搭建综合型国际合作实践平台，拓宽国际化发展的路径和面向。一要搭建国际化产教融合平台，积极参与国际产能合作。"一带一路"建设为高职院校、行业企业搭建国际化产教融合平台提供了历史性机遇，高职院校可以对接企业"走出去"的需求，配合职教联盟搭建产教融合平台，为"一带一路"沿线国家和中资企业培养技术技能人才服务，同时参与并融入国际产能合作。二要搭建国际化教育合作平台，探索国内外教育合作新模式。"一带一路"沿线地域广阔，职业教育市场庞大，尤其是沿线的发展中国家有旺盛的职业教育需求。职教联盟可以根据国家援外战略和国际职业教育市场需求，搭建国际化教育合作平台，与"一带一路"沿线国家广泛开展教育合作，联合开展技术技能人才培养。

（四）本土师资培训与国外师资引进相结合，打造优质国际化师资队伍

打造一支业务水平高、国际素养好的优质师资队伍是提升高职院校国际化服务水平的根本保障。随着我国全面融入世界经济体系，高职教师参与国际交流与合作的机会大大增加，出国进修深造的规模不断扩大，但由于高职院校普遍缺乏师资队伍国际化建设的经验，相关制度和机制不健全，教师队伍的国际化水平还不高。"双高计划"背景下，高职院校实施国际化发展战略，要高度重视师资队伍建设问题，将本土师资培训与国际师资引进相结合，切实提高教师队伍的国际化水平。

第一，立足本校，强化培训，提高教师群体的国际素养。客观来讲，大规模引进国际优质师资对大多数高职院校而言，既不经济也不现实。高职院校要打造优质的国际化师资

队伍，根本还要立足本校，通过加强教师在职培训、持续提高培训水平的方法，提升教师群体的国际素养。一方面，高职院校要建立科学完善的教师在职培训与进修机制，既要鼓励广大教师在做好本职工作之余，主动参与校内外各种与国际化素养提升相关的培训；又要适度安排教学、科研、社会服务的工作强度，保障教师有余力学习国际高职教育领域的知识。另一方面，高职院校要善于借助国际化发展实践平台的资源优势，不断增加本校教师出国交流、学习、进修甚至留学的机会，从而帮助教师更好地学习国外高职教育的先进经验和教学成果。

第二，多措并施，创新国际师资引进办法。我国高职院校国际师资引进的实践历程已经证明，守株待兔式的招聘无法满足师资队伍国际化建设的需要。"双高计划"背景下，高职院校引进国际师资，要创新方式方法。一是要广泛搜寻和了解国际优质高职教育机构的人才状况，时刻关注目标人才的工作和生活动态，积极主动地联系、吸引国际高端人才，通过全职引进或柔性引进的方式来华教学。二是要加强信息化建设，建立功能完备的信息化教学系统，搭建网络教学平台，积极拓展与职业教育机构联合开展数字化教学资源开发、网络授课等项目的空间。三是要大力开发国际兼职师资队伍。可以邀请外籍专家学者担任国际兼职教师，利用来华间隙或业余时间参与教学指导和教学改革等事务。同时，要创新学校人事管理制度和教学管理制度，使相关制度安排与国际兼职教师的工作、生活节奏相契合，从而充实国际化办学的师资力量。

"双高计划"为我国高职教育的高质量发展提供方向，高职院校要切实以"双高"建设为契机，提高国际化办学水平，走中国特色高水平发展之路。通过创新国际化办学管理体制、强化国际教育资源建设、搭建国际化发展实践平台、打造优质的国际化师资队伍等途径，形成开放化的办学格局，提高高职院校的国际化发展水平，逐步提升我国高职教育的国际影响力，以满足经济社会高质量发展对国际化技术技能人才的需求。

第五节 "双高计划"背景下校企命运共同体

2019年2月，国务院印发的《国家职业教育改革实施方案》提出"促进产教融合校企'双元'育人"。2019年4月1日，中国特色高水平高职学校和专业建设计划（以下简称"双高计划"）正式启动，明确提出"与行业领先企业在人才培养、技术创新、社会服务、就业创业、文化传承等方面深度合作，形成校企命运共同体"。如何构建校企命运共同体，成为未来职业院校和合作企业需要共同深入研究的问题。

一、目标与现实：校企合作之问题

产教融合、校企合作是高职教育作为类型教育的一个重要特征，也是办好职业教育的着力点。如果说工学结合明确了职业教育人才培养模式的问题，校企合作则解决了职业教育办学模式的问题。虽然校企合作的目标很明确，重要性也不言而喻，但目前校企合作存在的现实问题还是阻碍了其进一步的发展。

（一）校企合作"一头热"

职业教育天生具备校企合作的基因。经过 20 世纪末以来的跨越式发展，校企合作已经初步彰显中国特色，基本形成与经济社会发展同频共振的发展格局，但"一头热"的问题仍然存在。首先，在产教融合、校企合作上，由于缺乏相关的法律和明确的政策规定，混合所有制、股份制等各方的权利、义务和责任界限比较模糊，再加上没有具体有效的支撑政策和长效机制作为保障，致使国有企业、私营企业及各种社会办学力量不敢"热"；其次，校企合作激励机制还未落地生根，虽然国家已经出台了相关政策激励企业参与校企合作，但地方政府还未出台相关实施细则，致使企业缺乏校企合作的主动性和进行专项合作的意愿，在校企合作中也就出现了职业院校"剃头挑子一头热"的现象。

（二）校企合作"两张皮"

2017 年 12 月，《国务院办公厅关于深化产教融合的若干意见》指出："受体制机制等多种因素影响，人才培养供给侧和产业需求侧在结构、质量、水平上还不能完全适应，'两张皮'问题仍然存在。"校企合作"两张皮"是一个比较复杂的问题，受多种因素影响。首先是受体制和机制制约的缘故，让学校和企业这两个分属于不同体制的实体无法充分对接；其次是校企双方的办学理念不同，学校还是恪守过去着眼于综合素质和长远发展的人才培养理念，而企业则坚持实用技能型或岗位紧缺型等更加务实的人才培养理念；最后是学校的招生和企业招工是分开的，没有实现结构、质量、水平的充分对接，不同地区、不同类型院校的专业建设与区域产业之间的吻合度不高，其不是依据产业来设置专业，而是根据校内师资水平和实验实训水平来设置专业，使得区域产业发展失去根基，从而导致职业教育人才培养供给侧与产业需求侧产生脱节，不相匹配。

（三）校企合作"三不合"

校企合作"三不合"主要体现在利益错位、价值差异、责任不一致等深层次问题上。首先是利益观不合，学校和企业在办学目的上利益诉求不同。企业和高职院校是两个截然不同的组织，体现在办学模式上，高职院校始终是以立德树人为根本，讲求社会利益最大化，注重公益性；而企业以逐利为本，将功利性摆在第一位，主要追求的是经济利益最大化。其次是价值观不合，学校和企业在人才培养上价值追求不同。学校认为人才培养要从长远发展和全面发展的角度考虑，主要培养学生的人文素养和综合素质；而企业认为新招聘的人才应该能够尽快地融入工作岗位，为企业创造价值。最后是责任观不合，学校和企业在人才培养上责任不明确。学校认为学生的一些实践操作能力应该由企业来培养或走上工作岗位后再培养；而企业认为学生阶段的培养是学校的事，自己只负责招聘到企业以后的培养。

二、结合与打造：校企命运共同体应然出场

校企合作的一系列问题既不能简单地判断责任方，也不能责任均摊，更不能经验主义式地就事论事，这都无助于问题的解决。为此，要找出校企双方的利益结合点，努力实现双方共同目标，打造校企命运共同体，才能找出应对之策。

（一）校企命运共同体：高职教育职业性与教育性之间的结合点

目前，校企合作最大的问题是没有找到利益结合点，所以在合作过程中才会出现各自为政、遇到问题相互推诿的现象。学校抱怨企业不愿"热"，而企业则有不能"热"、不敢"热"的苦衷。只有认真仔细地分析和审视企业冷淡的缘由，还原校方热衷的真相，客观冷静地分析政府和社会对校企合作的态度，才能真正找到问题的解决之道。

通过进一步分析发现，在校企合作上出现冷热不同现象，主要在于高职院校和合作企业人才培养的关注点不一样。高职院校关注教育性，尊重按教育规律培养人才；企业关注职业性，尊重按职业规律培养人才，这使得校企双方在人才培养上很难达成一致意见。但无论是单独去关注教育性还是职业性，都会失之偏颇。对教育性的追求，如果没有实践价值的指引，会导致教育的泛化甚至虚化，也就不能培养出人岗相适的技术技能人才，实现职业性的目的将大打折扣；同理，对职业性的追求，如果没有教育价值的引导，就变成了职业技能培训或岗位培训，无法培养出德才兼备的高素质人才，教育性的目标也就实现不了。

高等职业教育要以培养全面发展的"大写的人"为宗旨，为人的成长筑基，就必须实现职业性与教育性的有效结合。职业性和教育性都是对高层次、技能型、复合型人才的关怀，犹如车的双轮、鸟的两翼，只有二者同频共振，才能完成自己的使命。随着《国家职业教育改革实施方案》和"双高计划"的发布，高等职业院校已从关注教育性逐渐向对接与服务国家战略、地方经济发展和产业转型升级需要的职业性转变，职业教育与合作企业也就有了相同的人才培养目标。要实现双方共同目标，就要找到企业和高职院校之间最大的公约数，校企命运共同体不可或缺。因此，高等职业教育在职业性与教育性之间寻求的结合点也是校企命运共同体的逻辑起点。

（二）打造校企命运共同体：校企合作健康发展的生命线

校企命运共同体为解决"一头热""两张皮""三不合"问题提供了新的思路。它是职业教育的精髓和发展方向，也是现代校企合作健康发展的生命线。这里的校企命运共同体主要包括价值共同体、利益共同体和行动共同体。

首先，打造校企命运共同体是实现校企双方价值观契合的需要。校企双方要成为共同体，价值共识至关重要。没有价值共识，共同体便是无本之木、无源之水。只有在价值观上达成共识，才能构建以合作共赢为核心的新型校企关系。在"双高计划"建设过程中，通过专业群与区域内产业链长、成长性好的企业开展深度、丰富的多元合作，可使校企合

作双方价值最大化、相互依存、休戚与共，从而树立共同的价值观。

其次，打造校企命运共同体是解决企业参与办学动力不足的需要。在校企合作中，企业作为人才培养的主体，其作用并没有得到充分发挥，主要是因为企业觉得校企合作没有给他们带来效益。通过打造校企命运共同体，可以调动企业参与办学的积极性，实现校企"双元"育人。在人才培养模式上，以"互利双赢、共享共惠"为原则，不断扩大利益交汇点，不但可为学校带来显著的人才培养效益，也可为企业创造可观的人才红利，真正使"企业得到人才，学生得到技能，学校得到发展"。经过一段时间的磨合与相互调适，校企双方即可形成你中有我、我中有你的利益共同体，不仅利益融合度会越来越高，相互依存度也会越来越高。

最后，打造校企命运共同体是推进高等职业教育高质量发展的需要。我国高等职业教育走出了一条从无到有、从小到大、从弱到强的特色发展之路，解决了高等职业教育"有没有"的现实问题。启动实施"双高计划"，国家赋予了高等职业教育培养大国工匠、能工巧匠的重任，通俗地说，就是解决"好不好"的问题。高等职业教育高质量发展需要校企双方成为行动的共同体，实现两个建设主体像量子纠缠一样同频共振、同向同行，共同规划、共同改革和共同发展。

当然，打造校企命运共同体更是进一步深化产教融合、校企合作，育训结合，健全多元化办学格局的需要；厚植企业承担职业教育责任，推动企业全方位参与协同育人的需要。毋庸置疑，校企双方不仅会有共同的利益，也会面临共同的挑战。应对这些挑战，需要校企双方共同承担相应的责任，勠力同心一起打造校企命运共同体。

三、整合和跨界：校企命运共同体之构建

高职教育已经进入"双高计划"时代，校企双方要相向而行。在人才培养、社会服务与实践基地建设以及文化传承等各个方面开展全方位、立体式合作，实施订单式人才培养模式，推动产业链与教育链的无缝对接，实现人、财、物、制的融合，逐步形成校企命运共同体。

（一）整合：推动产业链与教育链的无缝对接

产业链与教育链的无缝对接是职业教育存在的价值所在，可以通过资源整合达到校企合作整体效益最大化。

政府要发挥"主导、主控"作用，实现由"主导者"向"引导者""推动者"和"监管者"的角色过渡。应从注重"办"职业教育中解放出来，逐步转向为职业教育提供"管理与服务"，建设服务型政府。一是搭建平台，引导校企合作。地方政府订产业规划时，要体现职业学校的办学指标。二是提供制度供给，推动校企合作。其职责主要是提出战略、订规划与政策、实施监管与宏观调控、深化"放管服"改革、提供制度红利、释放制度潜能。三是健全校企合作的成本补偿机制，对学生实习实训产生的费用给予参与企业一定补助；

订相关措施，促进校企之间双向人才的合理流动、有效配置。

智库要发挥战略谋划者和效果评估者作用。职业教育法律法规、重大政策出台之前，在规划职业教育各项标准时，要广泛听取、认真研究智库提出的意见和建议，提高政府决策的科学化水平，牢牢把握职业教育改革发展的方向。通过政府购买服务等方式，引入有一定影响力的民间智库为第三方，对高等职业院校教育教学改革、师资队伍建设、学生管理与服务和专业设置等方面进行指导与评估，对校企合作企业办学模式、办学方式和职业技能培训进行考核与评估等。

行业协会要发挥"参与者""协调者"作用。为解决校企"信息不对称"、主管部门参与度不高、无法深入了解校企合作状况等问题，行业协会作为参与者，应搭建校企合作互联互通的信息化平台，增加各类信息的共享度，主动为校企合作提供社会化的服务，拓宽校企合作的深度和广度。同时，要发挥行业协会"协调者"作用，强化行业协调指导，健全校企理事会组织机构建设，促进产教供需双向对接，促进校企共同研讨制订人才培养方案、专业教学计划和课程标准等。

高职院校要在教育资源配置中发挥"主体、主动"作用。一是订校企合作规划，主动与具备条件的企业开展合作，为合作企业提供师资、课程等资源。在专业设置、课程标准制订等各项工作中，要充分听取并吸收合作企业的意见和建议。二是强化学校核心的供给性要素与企业需求侧要素对接，即专业设置与产业设置实现精准对接，课程内容与职业标准实现精准对接，教学过程与生产过程实现精准对接，以有效提高人才培养质量。三是完善职业院校治理结构，将校企合作关系紧密的企业吸纳进入学校理事会，参与学校重大事项的决策。

企业要发挥"合作者""共育者"角色，形成资源共享、优势互补、双向介入、互利共赢的校企合作运行机制。一是营造全社会充分理解、大力支持、深度参与校企合作的良好氛围，厚植企业履行实施职业教育的社会环境，鼓励企业通过购买服务、委托管理等方式参与校企合作，促进人力资源开发。二是进一步加大"订单式培养"改革力度，完善与合作的高职院校联合招生、联合培养机制。鼓励有条件的企业，以"引校进企""引企驻校"等合作方式，开展生产性实习实训，共建共享一批生产性实训示范基地。

（二）跨界：人、财、物、制的融合

作为一种教育类型，"以服务为宗旨，以就业为导向"的职业教育异质于普通教育的核心在于它是跨界教育——跨越职业与教育各自的"界限"。跨界教育既是高职教育的特色，也是高职教育的优势。

1. 人的跨界

双重身份认定。推动高职院校高质量发展，深化产教融合、校企合作，说到底靠的是人，因此要实现人的跨界。一是企业董事长与高职院校校长要互相跨界。正如企业董事长应该是企业家中的教育家一样，"双高计划"背景下的高职院校校长也应是教育家中的企业家。

二是高职院校教师与企业能工巧匠要跨界。职业学校教师与企业能工巧匠互相兼职，通过兼职兼酬的激励措施，鼓励教师每五年去一次企业工作站，打造一支素质过硬的"双师型"教师队伍。通过周转池试点或流动岗位轮转等形式，从合作企业聘用专业技术人员和高技能人才担任兼职教师，给予他们双重身份的待遇。三是学生身份要跨界。产教融合、校企合作的人才培养已跨越了学习与工作的"界限"，这就要求在学习中工作、在工作中学习。学生的角色也处于变化之中，在高职院校是"学校人"或者更准确地说是"后学生"；而到了企业就是"企业人"或者说是"准员工"。

2. 物与财的跨界

学校与企业的联姻。物与财的跨界就是资源共享，不断打破教育与产业边界，不断融合校企要素，进一步强化职业院校与企业在人才培养过程中的合作方式和途径。企业可以利用资本、技术、设备和管理等要素参与人才培养，依法履行自己的社会责任，厚植企业家的办学情怀。同时，鼓励有条件的企业举办职业学校，提供诸如学生实习实训、现代学徒培养和专业教师实践等岗位。通过各种激励措施，鼓励规模以上企业在职业学校设立继续教育和职工培训机构，职业学校主动为企业提供所需的课程、师资等资源。

3. 制度跨界

打通改革落地的"最后一公里"。促进产教融合校企"双元"育人，职业教育要有重构思考，实现以共性与个性并蓄的框架重构，作为其制度创新的逻辑工具，实现现代企业制度与现代高职院校制度的融合。《建设产教融合型企业实施办法（试行）》《国家产教融合建设试点实施方案》已经出台，在全国统筹开展产教融合型城市、行业、企业建设试点，这是极大的利好消息。但这两个制度基本上是原则性和概括性的表述，缺乏具体的、可操作的标准。当前需要解决的是实现从政策的订到落地，破除体制障碍，将好事办实，实事办好，将诱致性目标变为强制性约束，将期待性目标改为约束性目标，将软任务变为硬目标，打通改革落地的"最后一公里"。

"双高计划"背景下，职业院校与行业（企业）产教融合、校企合作势在必行，学校与企业的命运和前途也紧紧绑在了一起，不应再重弹校企合作"一头热""两张皮""三不合"等老调。学校与企业是两个齐头并进的机构，是职业教育离不开的两个教学场所，是命运捆绑在一起的一个共同体。在共同培养经济社会发展所需要的高技术技能人才的过程中，通过整合政校行企智资源，加强顶层设计，明确角色定位，破除校企合作的体制和机制障碍，多方联动，构建政校行企智"五位一体"工作机制，优化教育资源配置，从而打造互为"主—客"的需求与供给的"校企命运共同体"。当然，校企命运共同体的建立还需要提高职业教育和技术技能型人才的社会地位，端正学生职业道德、工作态度以及企业文化认知等，这样产教融合、校企合作才会取得更大突破，最终实现学校与企业之间的"双赢"。

参考文献

[1] 周建松，吴国平，陈正江.创新发展高等职业教育：政策变迁与行动方略 [J].高等工程教育研究，2016，06：158-163.

[2] 马腾.高等职业教育改革创新发展的历程、要素与路径选择 [J].职业技术教育，2016，3728：39-44.

[3] 李术蕊.深化职业教育教学改革创新提高技术技能人才培养质量 [J].中国职业技术教育，2013，13：19-27.

[4] 胡开明，陈建华.高等职业教育改革创新探讨 [J].职业技术，2013，02：65-66.

[5] 王涛涛，郑文.创强争先建高地：广东高等职业教育教学改革与创新 [J].中国职业技术教育，2015，07：5-10.

[6] 宋彦军.高职教育服务质量评价研究 [D].天津：天津大学，2009.

[7] 耿凤英.高等职业教育教学质量评估的研究 [D].武汉：武汉理工大学，2004.

[8] 闫宁.高等职业教育学生学业评价研究 [D].西安：陕西师范大学，2012.

[9] 吴亚平.基于现代课程观的高职课程改革 [J].职教论坛，2017，06.

[10] 贾景德.高等职业教育专业教学改革的若干问题 [J].教育与职业，2016，09.

[11] 李定清.构建高职实践教学体系的基本思路 [J].中国职业技术教育，2014，08.

[12] 纪芝信.职业技术教育学 [M].福州：福建教育出版社，1995.

[13] 刘春生，徐长发.职业教育学 [M].北京：教育科学出版社，2002.

[14] 潘竹燕.高职院校数学教学模式创新 [J].黑龙江科技信息，2010，33.

[15] 黄炳龄.行为导向教学法在高职实践教学中的实施与探索 [J].教育与职业，2009，26.

[16] 向丽.任务驱动教学法在地方本科院校《市场营销学》课程改革中的应用研究 [J].市场论坛，2016，01.

[17] 吕洪雁.情境模拟教学法在《财务分析》课程中的应用及探索 [J].财会教育，2014，17.